世界未解之谜系列

谋杀之谜
MouSha ZhiMi

京华出版社

图书在版编目（CIP）数据

谋杀之谜 / 唐伟编著 . —北京：京华出版社，2011.3
（世界未解之谜）
ISBN 978-7-5502-0142-2

Ⅰ. ①大… Ⅱ. ①唐… Ⅲ. ①历史事件—世界—通俗读物 Ⅳ. ① K105-49

中国版本图书馆 CIP 数据核字（2011）第 016945 号

谋杀之谜

编 著	唐伟	
出版发行	京华出版社	
	（北京市朝阳区安华西里一区 13 号楼 2 层 100011）	
	（010）64258473　64255036　64243832（发行部）	
	（010）64258472　64251790　64255606（编辑部）	
	E-mail:80600pub@bookmail.gapp.gov.cn	
印 刷	三河市兴国印务有限公司	
开 本	710mm×1000mm　1/16	
字 数	210 千字	
印 张	12.5	
版 次	2011 年 3 月第 1 版	
印 次	2011 年 3 月第 1 次印刷	
书 号	ISBN 978-7-5502-0142-2	
定 价	36.00 元	

京华版图书，若有质量问题，请与本社联系

FOREWORD 前言

人的一生即使再辉煌，最终也会走向死亡，然而历史上一些人却在还没走到生命尽头的时候突然死亡，他们的死并非意外，而是被人谋杀。在人类社会发展的历程中，谋杀活动从来就没有停止过。不管是君王、党政要人、社会精英，还是大腕明星，都毫不例外地成为了别人谋杀的对象，而那些杀人者的动机更是五花八门。一些谋杀明目张胆，一些谋杀却出其不意，极其隐蔽，看似正常的死亡背后却掩藏着一些不为人知的秘密。病故可能是一场谋杀，交通事故也可能是一场谋杀，甚至连自杀也可能是一场精心策划的谋杀。那些惨遭不幸的人们生前引人注目，死后更是成为人们关注的焦点，因为非正常死亡总是让人忍不住想知道真正的凶手到底是谁？他的杀人动机是什么？本书从众多历史案件中选取了一些著名的谋杀事件，有的在经过长期侦破之后已经真相大白，有的仍然是迷雾重重，有的甚至连凶手是谁都不知道。比如大家熟知的肯尼迪遇刺事件、马丁·路德·金的遇刺之谜、联合国秘书长的空难之谜、以及一代功夫巨星的陨落……通过详尽的事件回放、诡异隐秘的背景调查以及众说纷纭的死亡原因，为您展现历史上曾经发生过的那些惊心动魄、错综复杂、谜团种种的谋杀故事。希望广大读者通过阅读此书，能够更多地了解历史上的风云以及重大事件，更重要的是了解更多事件背后的故事。

CONTENTS 目录

帝王总统篇　　　　　　　　　　　　　　1

1. 埃及艳后死亡之谜 …………………………… 2
2. 亚历山大大帝死亡之谜 ……………………… 8
3. 宋太祖赵匡胤暴毙之谜 ……………………… 15
4. 雍正皇帝因何而死 …………………………… 21
5. 林肯遇刺之谜 ………………………………… 26
6. "圣雄"甘地遇刺之谜 ……………………… 32
7. 谁是杀害肯尼迪的真凶 ……………………… 38
8. 埃及总统萨达特遇刺之谜 …………………… 43

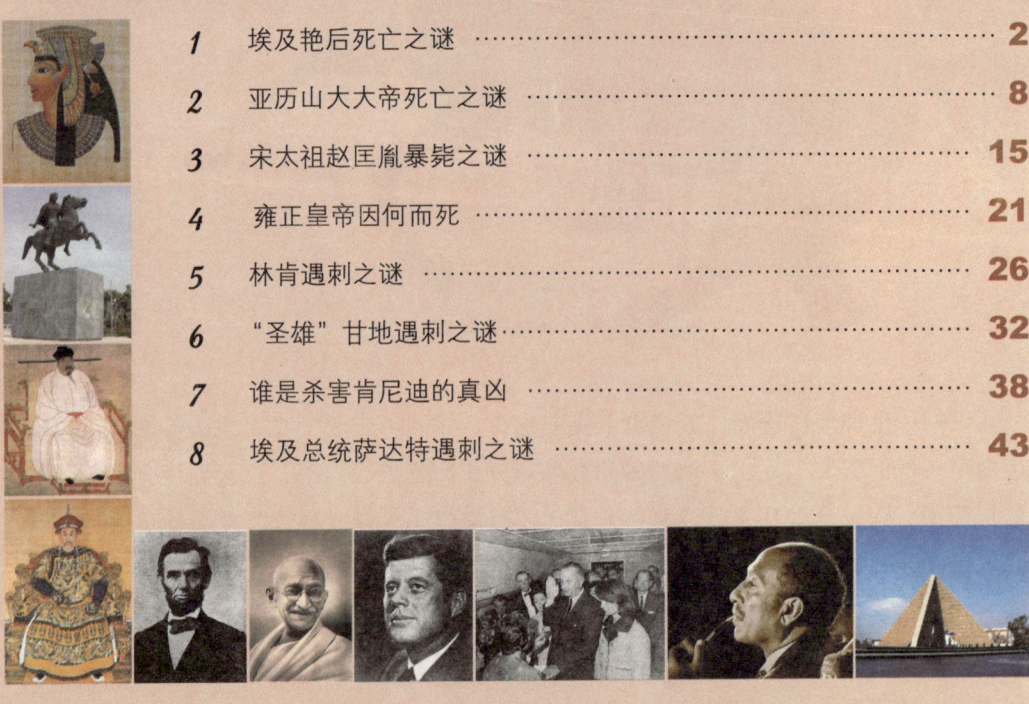

政坛要人篇　　　　　　　　　　　　　　49

1. 宋教仁血案 …………………………………… 50
2. 廖仲恺遇刺之谜 ……………………………… 55
3. 张作霖遇刺之谜 ……………………………… 60
4. 巴顿将军死亡之谜 …………………………… 66
5. 第二任联合国秘书长空难之谜 ……………… 73

6 马丁·路德·金遇刺之谜 …………………………………………… 79
7 菲律宾政坛人物阿基诺遇刺之谜 ………………………………… 85
8 瑞典首相帕尔梅遇刺之谜 ………………………………………… 92

历史名人篇 99

1 嵇康之死 …………………………………………………………… 100
2 郑成功猝死之谜 …………………………………………………… 105
3 拿破仑死亡之谜 …………………………………………………… 110
4 林则徐的死亡之谜 ………………………………………………… 116
5 太监李莲英暴死之谜 ……………………………………………… 123
6 希特勒生死之谜 …………………………………………………… 129
8 加加林坠机身亡之谜 ……………………………………………… 136
9 以色列总理拉宾遇刺之谜 ………………………………………… 143

CONTENTS 目录

社会名流篇　　　　　　　　　　　　　　149

1　莫扎特死亡之谜 …………………………… 150
2　贝多芬死亡之谜 …………………………… 158
3　普希金的死亡背后 ………………………… 164
4　高尔基的神秘死因 ………………………… 171
5　李小龙暴死之谜 …………………………… 176
6　传媒大亨马克斯韦尔的神秘死因 ………… 182
7　黛安娜王妃死亡之谜 ……………………… 187

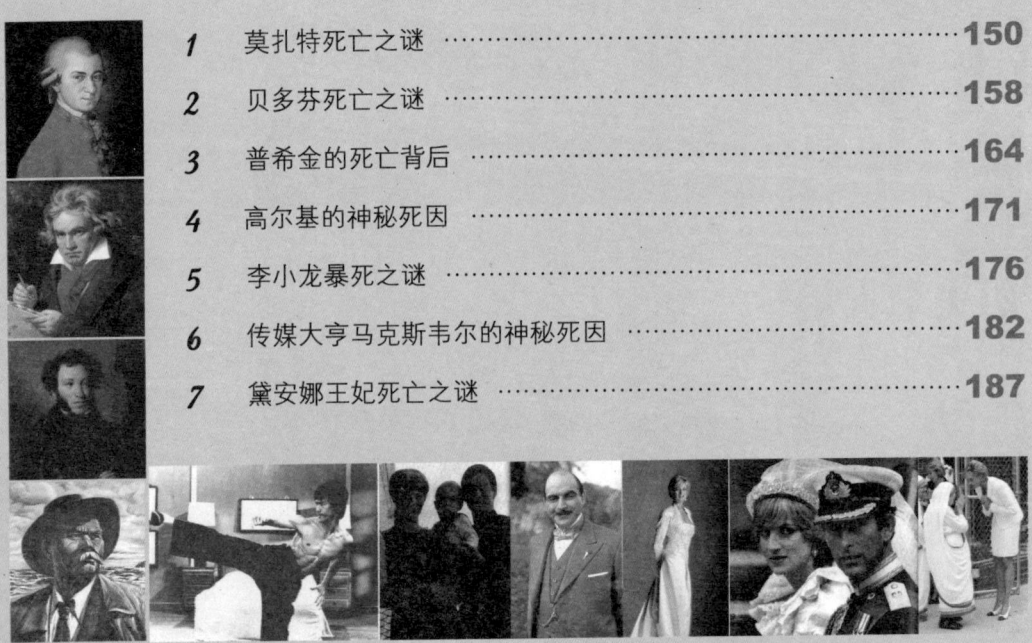

帝王总统篇

- 埃及艳后死亡之谜
- 亚历山大大帝死亡之谜
- 宋太祖赵匡胤暴毙之谜
- 雍正皇帝因何而死
- 林肯遇刺之谜
- "圣雄"甘地遇刺之谜
- 谁是杀害肯尼迪的真凶
- 埃及总统萨达特遇刺之谜

埃及艳后死亡之谜

观点：埃及艳后克丽奥佩托拉七世是古埃及最后一个法老，随着她的死亡，一个统治百年的王朝也随之结束，但是她的死却被披上了一层神秘的面纱。有人说她是自杀的，是让毒蛇咬死了自己；也有人说她是被毒酒毒死的，是屋大维谋杀了她。

➔ 埃及艳后克丽奥佩托拉的全身雕像，她的名字又被译作克娄巴特拉、克娄帕特拉、克莉奥佩特拉、克莱奥帕特拉

提起埃及，除了人们熟知的金字塔、木乃伊之外，能被人记住的还有埃及艳后克丽奥佩托拉七世。人们津津乐道的不单单是她倾国倾城的美丽姿色，还有她那具有传奇色彩的一生以及至今不为人知的死亡之谜。

埃及艳后克丽奥佩托拉七世是古埃及托勒密王朝的最后一个女王，她统治埃及长达22年之久。公元前51年，克丽奥佩托拉七世的父亲托勒密十二世奥莱特去世后，她和她的异母兄弟托勒密十三世被指定为继承人，共同执政。公元前48年，在宫廷争斗中失败的她被逐出了亚历山大城。

但是野心极大的她并未放弃，而是在埃及和叙利亚边界一带招兵买马，准备攻入埃及重新夺回王位。此时，正好罗马元首恺撒来到了埃及，克丽奥佩托拉七世便用计让恺撒拜倒在了自己的石榴裙下，并且两人很快坠入爱河。托勒密十三世在对恺撒的战争中失败，溺死于尼罗河后，克丽奥佩托拉七世便在恺撒的支持下，成了埃及实际的统治者。可惜恺撒遇刺身亡后，克丽奥佩托拉七世成为罗马第一夫人的美梦就泡汤了，于是只能黯然离开罗马。恺撒死后，大将马克·安东尼称雄于罗马，克丽奥佩托拉七世又投入到了安东尼的怀抱。可惜在随后与罗马统帅屋大维的战争中，安东尼战败自杀了，克丽奥佩托拉七世也被活捉。被屋大维生擒后，克丽奥佩托拉七世施展了各种手腕，千方百计想要诱惑屋大维，可惜屋大维并不为美色所动，没过多久，她便在墓堡中神秘地死了。她的死，宣告了长达300年的埃及托勒密王朝的结束，随后埃及被并入了罗马，古埃及文明也从此走向终结。

史书上记载，克丽奥佩托拉七世死于自杀。但是千百年来，一直有人怀疑她并非死于自杀，而是被谋杀的，而且她的死还是一个政治阴谋。

根据史料记载，当克丽奥佩托拉知道她将被屋大维作为战利品带往罗马游街示众的消息后，万念俱灰。于是，她设法让一个农民将一只藏有一条叫"阿斯普"的小毒蛇的盛满无花果的篮子带进宫中，再让小毒蛇咬伤自己的手臂，以此结束了年轻的生命。

↑ 法国画家格罗姆创作的油画《恺撒面前的克丽奥佩托拉》，生动地表现了恺撒和埃及艳后相见的历史场面

↑ 埃及艳后和安东尼

也有一种说法是，她早就在花瓶里喂养了毒蛇，死亡当天她用一枚金簪猛刺在蛇的身体上，引它发狂，直到毒蛇将她的手臂紧紧缠住。还有一种相反的说法则是，克丽奥佩托拉并非死于毒蛇之口，而是用一只空心的锥子刺入自己的头部致死。屋大维对克丽奥佩托拉七世死于毒蛇的说法深信不疑，因此，在他的凯旋仪式上，还在克丽奥佩托拉七世的塑像上安排了一条毒蛇缠绕在她的手臂上。

克丽奥佩托拉七世真如史书上记载的那样,为了和战败的安东尼一起合葬,让毒蛇咬死自己的吗?人们开始怀疑起来,因为有关埃及艳后死于毒蛇之口的自杀故事全部都来自于传记作家普鲁塔克的叙述,而普鲁塔克是在埃及艳后死后数十年才出生的一名作家。因此自杀的说法受到了人们的质疑,一些专家在翻阅了大量资料后,对于埃及艳后的死提出了一系列的疑点。根据动物学家和病理学家的说法,人在被毒蛇咬伤后会留下一个不太明显的伤痕,而且一般会在几天后死去,然而记载中却说埃及艳后在被咬伤后短短几个小时后就死掉了。而且在她死后,人们在室内也并没有找到任何毒蛇。况且,如果真是自杀的话,她的两名女仆也没有必要一起陪死,而事实是两名女仆就死在她的身旁。基于这些不合常理的地方,人们开始怀疑埃及艳后并不是自杀,而是死于一场精心策划的政治谋杀,谋杀她的人很可能就是当时软禁她的罗马统帅屋大维。据推

◆ 埃及人制作的"埃及艳后"莎草纸画

🔼 拿破仑三世的宫廷御用画家亚历山大·卡巴内尔创作的油画《克丽奥佩托拉用死囚尝毒》

测,屋大维可能是在当晚埃及艳后所饮的鸡尾酒中投毒将其毒死的。最直接的证明就是在埃及艳后死后,屋大维下令处死了克丽奥佩托拉七世和恺撒所生的儿子恺撒里昂以及她和安东尼所生的长子亚历山大。这样做的目的就是为了让自己成为恺撒的唯一合法继承人。而且为了消灭唯一的目击证人,他也一同毒死了埃及艳后身边的两名女仆。英国大西洋媒体公司在其记录片《谁杀死了克丽奥佩托拉》中,也援引了法理专家和犯罪学专家的观点,提出了埃及艳后是被罗马统帅屋大维谋杀而死的说法。

　　埃及艳后克丽奥佩托拉七世到底是死于自杀还是谋杀？事情的真相又是什么呢？虽然千百年来，埃及艳后一直是众多野史、传说和文学作品中的主角，但是关于她的离奇死亡却一直是个令人疑惑的谜。

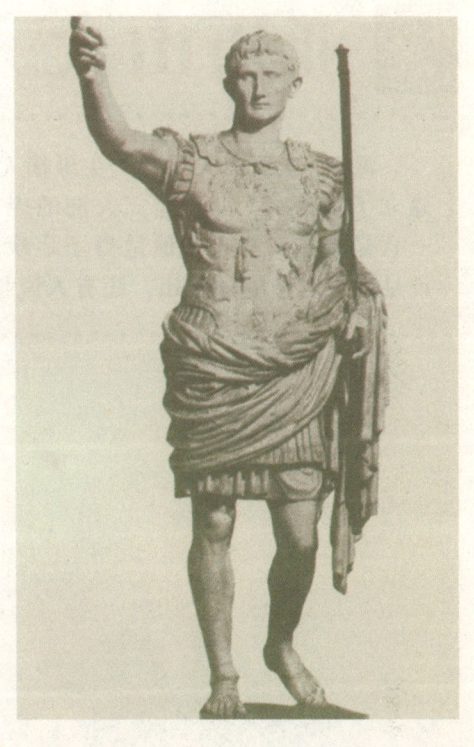

↑ 屋大维

屋大维

　　屋大维全名为盖乌斯·屋大维乌斯·图里努斯，是恺撒大帝的甥孙和养子，也是被正式指定的恺撒的继承人。屋大维消灭了古埃及的托勒密王朝，并且结束了长达一个世纪的内战，后来又实行元首制，独揽政治、军事、司法、宗教大权，成为罗马帝国的开国君主，统治罗马长达43年。在他统治时期内，罗马帝国进入了相当长一段和平、繁荣的辉煌时期，即后来所说的"罗马和平"。公元前27年，屋大维获得了"奥古斯都"称号，在当时人的宗教信仰中，这个称号意味着持有者拥有超越人的权威且任何章程皆不能对其地位性质定义。公元14年8月，屋大维去世，罗马元老院决定将他列入"神"的行列，并且将8月称为"奥古斯都"月。

亚历山大大帝死亡之谜

观点：亚历山大大帝一生纵横无敌，消灭了波斯，历经数年征服了广大地区，建立了横跨欧、亚、非三大洲的庞大帝国，然而却猝死在巴比伦。关于他的死一直是个谜，有人说他是得了疟疾，有人说是感染了西尼罗河热而死，也有人说是饮酒过量中毒而死，还有人说是被人下毒毒死的。

↓ 亚历山大大帝雕像

亚历山大大帝是古代马其顿国王，也是世界历史上著名的军事家和政治家。在他担任马其顿国王期间，先是确立了在全希腊的统治地位，后又灭了波斯帝国，建立起了一个东到印度恒河流域，西起古希腊、马其顿，南临尼罗河，北至药杀水的以巴比伦为首都的横跨欧、亚、非三大洲的帝国，极大地促进了古希腊文明的繁荣发展。他是西方有史以来最伟大的领袖人物之一，是迄今唯一征服过阿富汗的西方人。在他11年的奋战中，从来没有打过一次败仗。然而，公元前323年6月初，亚历山大却在巴比伦突然倒下了，从此再也没有起来。

有人甚至说过，假如亚历山

↑ 亚历山大大帝骑着他的爱马出征的石雕像

大不是过早地死去，很可能会挥军入侵西地中海诸国，那么西欧的历史全部会被改写。不过这样的猜测已经不重要了，因为历史不会倒退，但是亚历山大的死却成为了人们长期争论的话题，因为他的死突然而又神秘。

关于亚历山大的死，古希腊史学家阿里安在《亚历山大大帝远征记》一书中记载的比较详细。他说5月29日，亚历山大在宴会上与朋友们尽情畅饮后，深夜就病倒了，第二天整夜都未退烧。6月1日烧还未退，而且第二天还整日高烧，6月4日病情开始恶化。6月5日他被移至幼发拉底河对岸的王宫中，但高烧仍然不退。当将领们进到宫中，他已不能说话，

● 公元前334~323年亚历山大大帝的帝国

直到6月6日还是如此。仅仅几天后,亚历山大就离开了人世。那么,导致亚历山大持续高烧,继而死亡的原因是什么呢?人们的看法各不相同。

有人认为亚历山大是死于疟疾。因为他长期在沼泽地区作战,因此染上了恶性疟疾,后来突然发病导致了死亡。

也有人认为亚历山大是死于西尼罗河病毒。西尼罗河热是一种由蚊子传播的病毒感染型疾病,鸟类和人都可能感染,该病不容易被发现,有时候只有流行性感冒的症状。发病后会高烧,有时也打冷战,与疟疾相似,如果病毒侵入脑部,就会引发脑炎。亚历山大患病后期,下半身几乎瘫痪,这很可能就是病毒侵入大脑,引发了脑炎,而脑炎会影响人的活动能力。但是一些专家对此种说法提出了质疑,西尼罗河病毒性脑炎来势凶猛，刚开始的症状是昏迷、周身乏力，通常情况下西尼罗河病毒性脑炎的最显著的特征并不是发烧，而且大多数病人的体温不会继续增高，发烧也不会持续两周以上。且这种病80%会不治自愈，死亡率并不高。

还有人则认为是酒精中毒导致了亚历山大的死。亚历山大晚年染上了酗酒的恶习，据说有一次他喝了十斤左右的酒。亚历山大死前，正好刚参加了一次超长时间的酒宴，因此很可能是饮酒过量导致酒精中毒而亡。可是酒精中毒引起的应该是慢性病，但是亚历

○ 亚里斯多德是亚历山大的老师

🔼 亚历山大城是以亚历山大大帝的名字命名的,庞贝柱是该城的城徽

山大大帝却在病发后的十几天就去世了,这不免有点蹊跷。

于是,有些人认为亚历山大并不是病死的,而是被毒死的。有人认为亚历山大大帝是被他的妃子罗克珊娜毒死的,因为她有杀人的动机。在罗克珊娜的家乡阿富汗有这样一个传说,据说亚历山大大帝与罗克珊娜在巴尔赫完婚,罗克珊娜在枕头底下藏了一把刀打算刺杀亚历山大大帝,这种说法显然夸大其词,但是也从一个方面表现了他们之间的关系并不像人们想的那样好。据说罗克珊娜有一个秘密情人,因为害怕奸情被亚历山大发现所以就下毒杀死了他。在她的家乡有一种常见的药物叫白菟葵,她知道这种药物而且有机会给亚历山大大帝下毒。这样,不但自己的儿子可以顺利继位,而且恋情也不会被发现。因此她就在亚历山大喝的酒里下了毒。然而,这种说法现在也已经无法考证了。

据说亚历山大大帝晚年变得喜怒无常,很多人都无法接受他的改变,甚至有人怀疑他的老师亚里斯多德杀害了他,但是也讲不出亚里斯多德杀害亚历山大的动机。人们还怀疑亚里斯多德的另一个弟子锡奥夫拉斯特斯杀害了亚历山大大帝,因为他知道蕃木鳖的用法和剂量,而且还曾提到过这种毒药的用法和用量,并说掩盖这种毒药苦味的方法就是把它下在纯酒中。但是,蕃木鳖是一种烈性毒药,被毒倒的人绝对活不过几个小时,因此此种说法也显然不合理。

此外,还有人说是亚历山大的部将安提帕特鲁毒死了他。据说安提帕特鲁曾将一副药装在骡蹄壳里,由他的儿子卡山德送到亚历山大那里,正是这副药让亚历山大命丧黄泉。因为卡山德的弟弟埃欧拉斯是亚历山大的御杯侍从,由于亚历山大不久前曾冤枉过他,他一直怀恨在心。所以就一不做，二不休下毒毒死了他。

亚历山大猝死到现在已经有两千多年了，要想解开他英年早逝的真相，有一定的难度。关于他的真正死因也不断被人们猜测着。亚历山大到底是死于疾病和饮酒过量，还是死于谋杀，或者还有其他不为人知的内幕？这些问题只能是一个让人困惑的谜了。

奥林匹娅斯

奥林匹娅斯是马其顿国王亚历山大大帝的母亲，据说她个性专横独断而且神秘，甚至有记载说她喜欢与蛇共眠。为了加强摩罗西安人与马其顿的政治联盟，作为摩罗西安人国王的女儿，奥林匹娅斯在公元前357年，成为马其顿新国王腓力二世的妻子，第二年夏天便生下了亚历山大。据说在完婚之夜，奥林匹娅斯梦见一道闪电打中了她并且在她身上燃起了大火。火在她身上蔓延开来，之后逐渐熄灭。希腊神话中，雷电是众神之王宙斯的武器，因此当时人们普遍相信亚历山大是宙斯之子。亚历山大大帝在巴比伦突然死去后，公元前316年奥林匹娅斯被部将处死。

宋太祖赵匡胤暴毙之谜

观点：公元976年，宋太祖赵匡胤一夜之间猝然离世，他的死因也成为了历史上一桩离奇的悬案。有人认为他死于饮酒过度，也有人认为是身染恶疾不治而亡，还有人认为是被其弟赵光义谋杀的。

宋太祖赵匡胤本是后周大将，公元960年，发动了陈桥兵变取周代之，建立了宋朝，史称北宋。赵匡胤称帝后，首先击溃了后周残余势力的反抗，接着在幕僚赵普的帮助下，采取了"先南后北"的统一策略，先后平定了荆南和湖南，接着又相继灭了后蜀、南汉和南唐等割据政权，除了北汉，基本统一了十国。

赵匡胤称帝后，怕"陈桥兵变，黄袍加身"事件再次发生，于是先废除了禁军首领一职，后又"杯酒释兵权"收回了兵权，接着又将地方行政和财政权等收归中央。这些措施，结束了分裂割据的局面，同时也加强了中央集权的统治，使饱受战火之苦的百姓有了一个相对稳定的环境，为社会的进步和发展创造了条件。

↑ 宋朝第一代皇帝赵匡胤

虽然赵匡胤称帝后有所作为，但却英年早逝。公元976年，一夜间突然驾崩，死时刚50岁。令人疑惑的是，官方的记录上只记载了赵匡胤死亡的时间和地点，对于死亡的原因却只是寥寥几字。因此，关于太祖赵匡胤猝死的原因，便有了五花八门的猜测，并且还有了"斧声烛影"的传说。有人说赵匡胤生前嗜酒，所以是死于饮酒过度；也有人说

↑ 宋太祖赵匡胤龙袍加身处陈桥驿

他染上了一种恶疾,不治而亡;不过大部分人却认为赵匡胤并非自然死亡,而是被谋杀的,最大的嫌疑人就是他的弟弟赵光义,即随后登基的太宗。因为按照前朝的皇位继承制度,皇帝死后,皇位应该传给儿子,况且赵匡胤有子嗣,但是却偏偏由赵光义继承了皇位。

在野史《湘山野录》中记载,在赵匡胤驾崩的当夜,当时还身为晋王的赵光义被召入宫,并且留宿寝宫。赵光义入宫后,太祖便屏退了左右,与赵光义酌酒对饮。室外的宫女和太监们只在摇曳的烛光中看见赵光义时而离席,并摆手后退,好像是在躲避或谢绝什么。后来又见太祖手持斧子戳地,"嚓嚓"的斧声也清晰可闻,并且太祖还大喊"好做,好做"。第二天凌晨,太祖赵匡胤便驾崩了。随后,赵光义便在灵柩前继位。但是,此种说法似乎又不合礼法,按照宋朝的宫廷礼仪,赵光义是不能留宿皇帝寝宫的,太监和宫女更不能离开皇帝。所以,这种说法只不过是为了掩盖太宗赵光义杀兄的事实。

也有野史记载说,赵光义进殿后,趁太祖昏睡时去挑逗在旁陪侍的太祖妃子花蕊夫人。不料却惊醒了太祖,太祖见状大怒,抛出斧子去击赵光义,由于力不从心,斧子掉到了地上。于是赵光义便一不做,二不休杀了赵匡胤,逃回了自己府中。

司马光在《涑水纪闻》立记载,太祖去世的时候,宋皇后叫太监王继恩把皇子德芳叫来,王继恩考虑到太祖早就打算传位于晋王光义,就直接去找赵光义。当时赵光义

➜ 宋太宗赵光义

● 司马光像

犹豫不决,王继恩便说:"再犹豫,皇位就是别人的了!"当宋皇后看见晋王,说不出的惊诧,后来突然醒悟过来,泪流满面地对光义说:"官家,我母子的性命,都托付给你了。"晋王也流着眼泪说:"我们共保富贵,你不要担心。"对于这样的说法,人们提出了质疑,认为司马光作为一个正统的史学家,这样写是在替赵光义开脱,是在掩盖赵光义杀兄篡位的事实,同时又把篡夺皇位的罪行强加在一个高级太监身上。

为了证实自己的清白，太宗赵光义声称自己以皇弟的身份继承兄长的帝位，是他母亲杜太后的意见。说当年杜太后临终前，曾对赵匡胤说，"你之所以能够取得天下，是因为后周的皇帝年纪太少，不能凝聚众心的缘故，如果后周是一个年长的皇帝继位，你怎么可能有今天呢？你和光义都是我的亲生儿子，你将来把帝位传与他，国有长君，才是社稷之纲啊！"在太后的压力下，一向孝顺的太祖被迫表示同意，他哭着答应："敢不如教！"并且叫宰相赵普当面写成誓词，封存于金匮里，这就是所谓的"金匮之盟"，也就是所谓赵光义"兄死弟及"的合法根据。但是"金匮之盟"是赵光义登基5年后才列举证人、公布出来的。至于真伪，更是很难考证了。

尽管世人演绎出种种不同的故事来替太宗杀兄篡位开脱，太宗自己也抛出了"金匮之盟"的说法，但是在他继位后的一系列所作所为中，却与此前的说法相违背。赵光义即位后，曾亲自主持编修《太祖实录》，并三次修改了其中一些内容。按照惯例，新君继位后，要等到次年才改用新年号纪年。然而，赵光义登基后没有等到第二年就改了年号，将只剩下两个月的开宝九年改成了兴国元年。亲自修改已故皇帝的"起居注"、迫不及待地改年号，这些反常的行为让人不得不怀疑他是否心中有鬼。

如果"兄死弟及"的说法是真的，那

《雪夜访普图》，描写了宋太祖赵匡胤在雪夜中访问宰相赵普的故事

↑ 宋高宗赵构

么赵光义死后就应该由其弟继位。可是，赵光义即位不久，就削夺了其弟的王位，并且将其贬为涪陵县公。不久，其弟也"郁闷"而死。这样一来，皇位就可以由他的儿子继承了。与此同时，赵匡胤的两个儿子也在几年内相继神秘地死去。这一切，似乎都能说明赵光义"杀兄篡位"。但是宫廷疑案，向来难辨真伪，再加上没有史书佐证，人们就更难辨明真相了。

最让人意外的是，虽然赵光义一再为自己"杀兄篡位"开脱，但他的子孙却似乎相信此事为真。因为宋高宗赵构没有儿子，又将皇位传给了赵匡胤的七世孙赵慎。

虽然，太祖赵匡胤的死和太宗赵光义的登基已经成为了千古之谜，但是或许赵构的做法能向人们透露一些有关这个谜团的玄机。

赵匡胤

赵匡胤，本为涿州人，父亲赵弘殷时迁居洛阳。赵匡胤起初投奔后汉大将郭威麾下，因屡立战功，深受郭威赏识。后来郭威称帝，建立了后周，赵匡胤被重用为典掌禁军。周世宗柴荣时，他又因为战功被任命为皇帝亲军的最高将领，不但掌握了兵权，而且还兼任节度使，负责防守汴京。周世宗死后，由其7岁的儿子继位，赵匡胤便密谋篡夺皇位。公元960年，赵匡胤故意让人谎报北汉和辽国军队联合准备攻打后周，于是朝廷便派赵匡胤统领大军北上御敌。大军行至陈桥驿时，发生兵变，赵匡胤黄袍加身，随后便带领大军返回汴京。回到汴京后，赵匡胤废帝自己称帝，建立了宋朝，定都开封，建年号为"建隆"。赵匡胤从960年建立宋朝，到976年驾崩，共在位17年，时年50岁，庙号太祖。

雍正皇帝因何而死

观点：雍正皇帝从患病到驾崩，前后共三天时间，官方记载并没有详细说明死因，于是朝野上下对雍正的死因众说纷纭。有人说雍正死于中风，有人说雍正是服用丹药中毒而死，也有人说雍正是被吕四娘刺死的，还有的说雍正是被宫女缢死的。

雍正帝胤禛生于康熙十七年，是康熙的第四子。康熙六十一年，经过众多兄弟激烈的竞争后，45岁的胤禛继承了帝位，成为了清朝入关之后的第三任皇帝。从45岁继位到驾崩，雍正共在位13年。在他最初登基时，大清国的国库空虚，贪官污吏横行无度。为了增强国力，发展经济，他在政治、经济上实行了几项很有影响的改革，比如实行"改土归流"、"摊丁入亩"，耗羡银归公，建立养廉银制度，开放洋禁，加大惩治贪官的力度等这些措施使大清的国力迅速增强，政局稳定，经济得到了发展。为了加强皇权，他还创立了军机处，推广奏折制度。可以说，如果没有他勤政务实的13年统治，就没有"康乾盛世"的出现。

在统治期间，雍正以统治手段严苛而闻名，他是史上最勤政的皇帝，也是清史上最具争议、谜团最多的皇帝。首先，雍正的继位就是一个有争议的问题，有人说他是在十三皇子胤祥的帮助下继承了帝位，也有人

◆ 雍正帝胤禛

◆ 泰陵是清西陵中建筑最早、规模最大、体系最完整的一座帝陵，雍正帝死后就葬于此

◆ 三朝元老张廷玉

说他在大臣隆科多和年羹尧的帮助下夺了本该是十四皇子胤禵的帝位。至于雍正继承帝位究竟是康熙亲传，还是篡改遗诏篡位，可能将成为一个没有定论的千古之谜。可以说，雍正的一生都与一个个谜团相连，就连他的死，也成为了清史上的又一大谜案。

雍正十三年，即1735年，阴历八月二十三日子时，雍正死在了圆明园。根据官方的记载，八月二十一日雍正感到身体不舒服，但仍然照常听政、办事，大臣张廷玉等也照常觐见，没有中断。二十二日雍正的病情就突然加重了，并且当晚急召诸王、内大臣及大学士到寝宫，授受遗诏。

二十三日子时，雍正便驾崩了。对于雍正的死，官方的记录上说的很简单，并没有详细记载究竟是什么原因导致了雍正的死亡，于是人们对于关于雍正的死因便有了各种各样的说法。

由于雍正在统治时期十分苛刻，很多人都认为他狠毒、阴险,于是在民间就流传着雍正是被宫女缢死的说法。传说在雍正九年,一名宫女伙同两名太监,乘雍正睡着之际,用绳子将他缢死,但是他并未断气,后来又被救活了。后来这种说法被证实纯属张冠李戴,因为被宫女缢死的事情是曾经发生在明世宗嘉靖皇帝身上的真实故事,而雍正与嘉靖的庙号都是"世宗",所以,这种说法很明显是民间将明世宗的故事安在了清世宗的身上。

↑ 浙江总督李卫

清朝时,由于文字狱的关系,有很多人因此而丧命,所以有人认为雍正是被死于文字狱的吕留良的后人吕四娘谋刺死的。据说,吕四娘是吕留良的女儿,也有说是吕留良的孙女。吕留良是明末清初的著名学者,因为文字狱而被雍正钦定为"大逆"的罪名,并且惨遭死后戮尸枭示之刑,吕氏一门也受到株连,或被处死,或被流放,无一幸免,铸成了当时震惊全国的文字冤狱。不过据说吕留良的后人吕四娘逃了出去,为了报仇,她隐姓埋名在民间多年,拜高人学艺,练得了精湛的剑术后乔装改扮混入了宫中,乘机砍下了雍正的脑袋。所以现在泰陵中的雍正遗体是没有头的,后来在安葬的时候,只好铸造了一颗金头安上去。也有人说吕四娘的师傅是一个僧人,原来是雍正的剑客,因为不愿为雍正效力所以离开了,后来收留了吕四娘,并将一身的武艺传授给了她。不过有学者认为这种说法也不可信,当年因为受吕留良一案的牵连,吕氏一门的后代都被发配到了边远的地方,而且还被严格地看管起来,不能自由活动,因此不可能有人逃跑。就连吕留

乾隆元年八月吉日

↑ 乾隆像

良父子的坟墓都有人监视,所以他的后人吕四娘是不可能逃跑,更不可能进宫行刺。何况当年负责此事的浙江总督李卫以擅长缉捕盗贼而著称,如果吕留良后人有逃出的,他必定能搜捕到案,怎能让主犯的子孙逃脱?所以关于雍正是被吕四娘刺死的这种说法纯属野史逸闻。

还有一些人认为雍正因为对道家的长生不老十分痴迷,所以长期服用丹药中毒而死。雍正在身为皇子的时候就好佛、崇道,并且给自己取了"圆明"的佛号。在他登基做了皇帝之后,更是对道家的长生不老成仙的说法更为痴迷,不仅把道士请进宫内,专门为他炼丹,而且还希望将宫殿修建成有名的佛寺和道观。在十三皇子允祥去世后,雍正更加渴望长生不老,于是就加大剂量服用道士为他炼制的"长生不老"丹药。因为这些丹药中汞、铅、朱砂等矿石含量较高,再加上都是高温烧制而成,所以热性很大。由于长期服用这种丹药,加上后期加大了剂量,所以雍正终因丹药中毒不治身亡。在雍正的心腹大臣张廷玉的私人记录中也写到,当时雍正宾天时"七窍流血"。这"七窍流血"正是严重中毒的反映。还有一点,在胤禛死后三天,新帝乾隆就下令驱逐宫中的道士,并严谕他们不许透露宫中的任何事情。因此有学者推测,乾隆帝对道士的严厉态度,可能

↑ 曹雪芹

和雍正帝服用道士烧炼的丹药而死有关。不过这种说法是否准确，现在也无法考证了。

还有一种更为传奇的说法，说雍正是被曹雪芹和恋人竺香玉合谋毒死的。据说，《红楼梦》的作者曹雪芹有个恋人叫竺香玉，可是后来被雍正强占为皇后。曹雪芹因为想念恋人，便想方设法混入了宫中，最终与竺香玉合谋，用毒药毒死了雍正。

除此之外，还有人认为雍正是因为中风而死的，但是对于此种说法并没有给出合理的解释。

林肯遇刺之谜

观点：1865年4月14日，美国总统亚伯拉罕·林肯在福特剧院看戏时遇刺身亡。有人说副总统因为某种原因介入了刺杀事件，也有人说幕后策划人是当时陆军部情报机构的负责人拉斐特·贝克，还有人说幕后策划者是陆军部长斯特顿，更有一些人甚至认为林肯的遇刺与加拿大的特务组织有关。

↳ 美国第16任总统亚伯拉罕·林肯

1865年4月14日晚，林肯协同夫人以及几位随行人员一同前往罗德岛大街的福特剧院看戏。由于当时刺杀总统的流言已经满天飞了，所以为了自身的安全考虑，林肯亲自要求陆军部长斯特顿派一名叫做埃克特的陆军上校保卫自己。然而，斯特顿说埃克特早已安排了别的任务，后来只得委派一名叫布莱恩的军官做为总统当晚身边的警卫官。总统一行进入剧院后，由引座员将他们带进了包厢房。当全场一千多名观众听说了他们爱戴的总统也在剧院看戏，便一起鼓掌欢迎，很多人还站起来欢呼，林肯也礼貌地走出包厢向欢迎他的观众挥手致意。

当晚剧院上映的是英国戏剧作家托姆·泰勒的作品《我们美国的表兄弟》。林肯坐在包厢内的扶手摇椅上，包厢内有两道门，前门开着，后门锁着。然而，谁也没有注意到，在锁着的后门上竟然有一个约10公分的小洞。这个洞显然是有人故意凿穿的，而其目的便是能在包厢外面往里看窥探包厢内的情况。渐渐地，演出达到了高潮，人们的注意力都被吸引到了舞台上。就在这时，有一名男演员从容地走进了总统的包厢，然后突然掏出一把

↑ 林肯总统遇刺的地方，位于罗德岛大街的福特剧院

手枪瞄准林肯的左耳和背脊之间，随即扣动了扳机，总统猝然倒下。由于凶手选择了在戏剧的高潮处开枪，演员的大笑和枪声混杂在了一起，观众中只有很少人听见枪声。最先反应过来的是坐在林肯旁边的夫人和几个陪同看戏的人，他们纷纷尖叫起来。接下来包厢里一片混乱，而刺客则立即从包厢里跳到舞台上，大喊了句"一切暴君都是这个下场"后，转身就向外逃跑了。全场观众都被眼前所发生的一幕惊呆了，以至于当凶手在仓皇逃跑时将自己的脚扭伤时竟没有一个人反应过来去追拿凶手。

林肯被立即送往了医院，尽管他被击中后并没有立即身亡，但是几个小时后，即1865年4月15日7时22分10秒时，这位伟大的总统便永远地停止了心跳。巧的是，这一天正好是耶稣殉难日。

经过有关方面的调查后，人们得知凶手是一名叫做约翰·威尔克斯·蒲斯的男子。

据说，蒲斯出身于美国戏剧界名门之后，他的父亲和哥哥都是著名的演员，但是他却是一

▲ 林肯总统撰写解放黑奴宣言的图片

名平庸的演员。在政治上他是一个坚定的南部联邦的支持者，对林肯极度仇视。在内战进行期间，蒲斯就纠合了一群人暗中活动，他们曾经密谋要绑架林肯来交换南部被俘的战士，但是计划都没有实现。4月14日中午，蒲斯在福特剧院无意中看到海报上说林肯将出席晚上的节目，便立即召集死党实施他们的刺杀计划，一人去刺杀副总统约翰逊，两人去刺杀国务卿西华德，蒲斯自己则去刺杀总统林肯。蒲斯进入包厢时很顺利，因为他本身是演员，所以警卫总统的人都没有为难他。

蒲斯在刺杀林肯后仓皇出逃，在逃亡过程中被击毙了。最终，军事法庭判定蒲斯的其他八名同伙共谋策划了这次暗杀，其中四名被判处绞刑，另四名被判罚苦役。对于林肯遇刺事件，官方给出的解释就是一个支持南方奴隶主的凶徒将仇恨发泄在总统身上。然而人们却不相信这种说法，认为在整个事件中还存在很多疑点，可能有一些不为人知的内情。

林肯所在的包厢门上为什么会有一个刚凿不久的洞？在包厢内有前后两道门，而且都上了锁，但是后门上的锁却早被人弄断了锁簧。那么，为什么锁坏了没有人报告？林肯遇刺时，警卫都去哪里了？据说，林肯曾要陆军部长安排埃克特陆军上校担任自己的警卫，陆军部长却说埃克特当晚执行别的任务而派了其他的人。事实上，埃克特那晚根本就没有执行什么任务，他在家里呆了一晚上。陆军部长为什么要撒谎呢？按照事先安排，警察约翰·派克本来应该是守在大厅通往包厢的必经之路上的，但是他对看戏毫无兴趣，竟趁演出换幕的间隙，躲到另一个房间喝酒去了，使得凶手能溜进包厢。这一切，难道都是巧合吗？在抓捕凶手时，为什么不活捉要当场击毙呢？又是谁下令开枪的呢？更另人奇

🔸 林肯总统遇刺时所坐的扶手摇椅

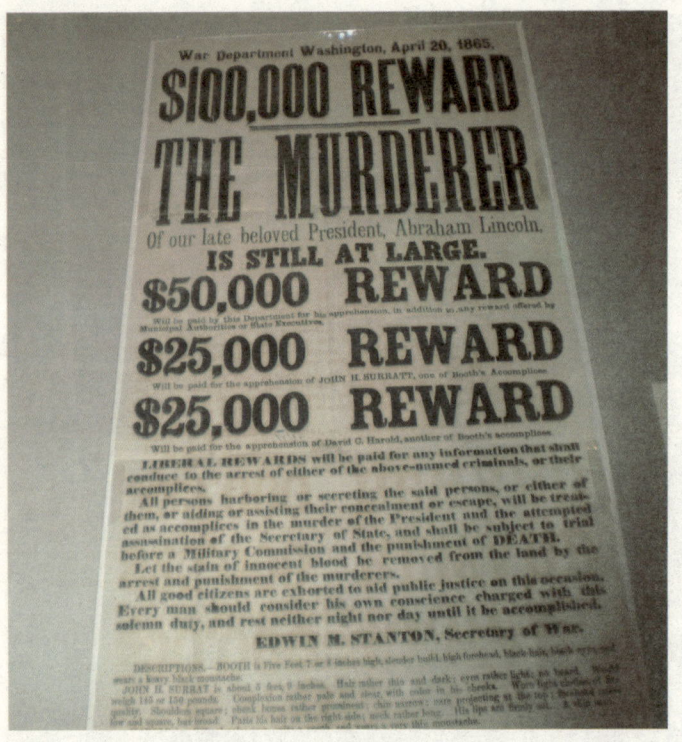

↑ 林肯总统遇刺后，政府颁发的通缉令

怪的是，在后来的凶手缉拿报告中，人们惊奇地发现上面居然写着：凶手系自杀身亡。遗憾的是，在凶手被击毙后，这些疑惑都无法得到合理的解释。

因此很多人怀疑，林肯遇刺身亡是一起政治阴谋，而首先被怀疑的对象便是副总统安德鲁·约翰逊。据说就在林肯被暗杀的那天早上，和林肯一直不和的副总统安德鲁·约翰逊突然与他摒弃前嫌。也有人认为，幕后策划人是当时陆军部情报机构的负责人拉斐特·贝克，因为他在组织和领导那次追击中打死了蒲斯。还有一些人则推测，幕后策划者是陆军部长斯特顿，他对林肯的重建政策非常不满，为了共和党激进派的利益而策划了暗杀，当晚他故意没有安排埃克特陆军上校保卫林肯就是最好的证明。还有一些人则认为蒲斯的刺杀行动和加拿大的特务有关。据说，凶手的孙女伊左拉在她的回忆录中提到，林肯的被刺和欧洲的神秘人物有关，蒲斯在行刺之前，至少去过欧洲一次。1926年，林肯的儿子罗伯特·托德·林肯在去世之前，曾经烧掉了他父亲的一些私人文件。他说把那些文件毁掉的原因是文件里有内阁成员犯叛国罪的证据。现在我们已经无法得知林肯的死是否和那些文件有关，也不知罗伯特所说是否是真。

↑ 林肯纪念堂

现在，距离林肯遇刺身亡已经100多年了，虽然人们仍然以各种不同的方式纪念着这位将自己的一生都献给了黑奴解放事业的伟大总统，但是他的死却一直是个让人疑惑的谜。

亚伯拉罕·林肯

亚伯拉罕·林肯，1809年出生于肯塔基州一个清贫的家庭。1860年，他成为共和党的总统候选人，并很快当选为美国第16任总统，也是首位共和党籍总统。在他的任期内，南方种植园主制造分裂，发动了叛变，并且首先向北方挑起了战争，也就是著名的南北战争。在林肯的带领下，持续了4年之久的内战以北方的胜利告终，南方分离势力被击败，奴隶制度也被废除，维护了国家的统一，并且促进了美国的发展。可是就在内战结束后没多久，林肯就遇刺身亡，他是美国第一位遭到刺杀的总统。

"圣雄"甘地遇刺之谜

观点：1948年1月30日，圣雄甘地在寓所举行祈祷会时被一名宗教狂热分子刺杀身亡。他的死不但使印度人民陷入悲痛，甚至全世界都为他的死感到悲伤。

莫罕达斯·卡拉姆昌德·甘地被印度人民尊称为"圣雄甘地"

莫罕达斯·卡拉姆昌德·甘地出生在印度博尔本德尔市的一个印度教家庭，在伦敦大学毕业后回国工作，后来又被公司派往南非工作。在南非居住期间，甘地看到了印度移民在南非遭受到的不公平待遇，从此便决定坚决抵制种族歧视。他参加了当地很多反对种族歧视的运动，例如1903年6月的针对"黑法令"的抗议运动，这个法令强制所有在南非的亚洲人接受登记；1913年9月的抗议不按照天主教仪式结婚就无效的运动。1913年11月6日，由于领导一群印度矿工在南非游行，甘地被南非当局逮捕，但是后来南非当局迫于压力又不得不释放了他，并且允诺减少在南非对印度人的歧视。虽然斗争取得了一些胜利，但是甘地却认为，一切政治斗争都必须以"仁爱"精神为主旨，于是逐渐形成了一套非暴力抵抗的概念。

一战时，甘地回到了印度，组织和参与了多次运动，他创造了一种独特的争取印度民族独立解放的方式，叫做"非暴力不合作运动"，获得了世界范围的关注，并很快成为了正在从事独立运动的国大党的领袖。1930年3月21日,甘地领导了他一生中最著名的一次运动——为了抗议殖民政府的食盐公卖制,甘地带领人们从沙尔玛第出发至丹地海边自制食盐,并且沿途向群众宣传和号召大家自制食盐,而不是给政府交税。

从1933年到1939年,甘地共进行了数次绝食抗议英国政府对印度的独裁统治。正是因为甘地的政治理念和独特的斗争方式在世界范围内产生了深远影响,再加上他为争取印度民族独立与和平做出了巨大贡献,因此被印度人民尊称为"圣雄甘地"。

↓ 圣雄甘地遇刺地纪念碑

在印度独立的问题上,英国一直坚持分而治之的原则,1947年6月3日,英国公布了印巴分治方案,即所谓"蒙巴顿方案",将印度分为了印度联邦和巴基斯坦两个自治领,并且把在印度的政权分别交给了两个自治政府。虽然在印巴分治之前,宗教矛盾就已经十分尖锐,但是甘地始终坚持印度是一个民族的理论,他反对印巴分治,并且呼吁不管什么教徒都应该团结,希望印度能够独立并且成为一个完整的国家。为了制止印巴两国领导人在克什米尔的争斗,甘地在1948年1月13日开始绝食,希望能以此来感化冲突双方。然而就在甘地为了宗教和睦而努力时,一部分印度教民却认为甘地的非暴力学说让印度教民们白白受苦。特别是一些极端的民族主义者反对宗教和睦,更反对甘地的非暴力学说,他们主张建立一个由印度教统治的国家,因此十分仇恨甘地。

1948年1月30日,大批信徒聚集在甘地寓所的草坪上准备举行一次祈祷会。然而就在甘地即将走向平台的一刹那,一名男子跑到了甘地面前。他先向甘地鞠躬行礼,口中低声说:"圣父,您好!"然后,他迅速从口袋里掏出枪,抵住甘地的胸口连开几枪。甘

◆ 甘地号召印度妇女每天花一定的时间来织布

地倒地时,仍然保持着双手合十的姿势。就这样,圣雄甘地结束了他伟大的一生。凶手打死甘地后并没有逃走,反而束手就擒。

根据调查人们得知,杀死甘地的凶手名叫纳图拉姆·戈德森,他是一名狂热的印度教徒。他早年还是甘地的追随者,到印巴分治时,由于他反对将印度一分为二,所以对于甘地调和宗教矛盾的作法极为不满,认为甘地所做的一切是在出卖印度教,于是开始和甘地分道扬镳。1948年1月13日,由于甘地的绝食抗议,印度政府又被迫继续支付中途停止的给巴基斯坦提供的几亿资金,这一切,让纳图拉姆对甘地的仇恨达到了极点,他决定杀掉甘地。他曾组织

◐ 甘地陵

↑ 甘地博物馆

过几次对甘地的刺杀,但是都没有成功。直到1948年1月30日,他才终于找到了机会。

当甘地遇刺的噩耗传遍全国,印度人民顿时沉浸在无限的哀痛和悲伤中。但是对于甘地遇刺身亡,很多人感到不解。首先是甘地遇刺前不久他的寓所被炸后,警方已经通过审讯掌握了刺杀甘地的计划,而且也有人向警方反应过凶手的情况,为什么警方没有采取有力的措施,而让凶手如此容易地接近了甘地?另外,当时社会上一些狂热分子已经叫嚣要处死甘地,而印度政府中当权人物几乎都是甘地信徒,为何政府对这些传闻视若无睹呢？为了严防意外，在甘地遇刺身亡43分钟后，印度政府才发布了甘地遇刺身亡的消息。

圣雄甘地的逝世不仅是印度、同时也是整个世界的巨大损失。在英国，从国王到首相再到普通的英国人纷纷对甘地遇刺一事表示慰问。法国总理也发了唁电表示哀悼，而美国总统哈里·杜鲁门则说："全世界同印度一起悲哀地哭泣。"

蒙巴顿方案

蒙巴顿方案即"印巴分治"方案，是由英国驻印度最后一任总督路易斯·蒙巴顿迫于印度民族解放运动的强大压力，在1947年6月提出的。方案的主要内容有根据居民宗教信仰，英属印度分为印度联邦和巴基斯坦两个自治领，并且分别建立自治政府；巴基斯坦由东巴基斯坦和西巴基斯坦构成；王公土邦在"移交政权"后可以享有独立地位，也可以分别谈判加入印巴中的任何一个自治领。1947年8月15日，英国把在印度的政权分别移交给印度国大党和巴基斯坦穆斯林联盟，标志着英国在印度的殖民统治从此告终。

谁是杀害肯尼迪的真凶

观点：1963年,美国第35任总统约翰·菲茨杰拉德·肯尼迪在众目睽睽之下遇刺身亡。有人说时任副总统的林登·约翰逊是幕后黑手,也有人说刺杀肯尼迪的是美国中情局的特工,还有人认为肯尼迪遇刺与南越政权有关等。

↑ 约翰·菲茨杰拉德·肯尼迪

约翰·菲茨杰拉德·肯尼迪,是美国著名的肯尼迪家族成员,1960年当选为美国第35任总统,是美国历史上最年轻的总统,也是美国历史上第四位遇刺身亡的总统。

1963年11月22日,肯尼迪总统在夫人杰奎琳·肯尼迪和德克萨斯州州长约翰·康纳利的陪同下,访问德克萨斯州的达拉斯市。当时,肯尼迪乘坐一辆敞篷轿车前往达拉斯中心街区接受市民的欢迎。为了让市民一睹第一夫人的芳容,同时也为了表示总统对达拉斯市民的信任,肯尼迪没有让特工人员在轿车上安装上防弹罩。然而,就在车队驶过达拉斯的迪利广场时,枪声骤然响起,从街旁一座大楼内射出的子弹击中了肯尼迪的头部,他倒在了血泊之中,在送往医院后就不治而亡。就这样,肯尼迪在众目睽睽之下,遇刺身亡了。

肯尼迪遇刺后数小时,犯罪嫌疑人李·哈维·奥斯瓦尔德就被抓获了,据说他曾经是美国海军陆战队神枪手,是他在大楼上用枪射杀了肯尼迪。遗憾的是,还没有对李·哈维·奥斯瓦尔德进行更仔细的审讯,他就在两天后的转监过程中,被一名叫做杰克·鲁比的人枪杀,

○ 肯尼迪夫妇和得克萨斯州州长康纳利夫妇同乘一辆敞篷汽车从欢迎的人群中间缓缓驶过

而鲁比本人最后也死于监狱之中。

奥斯瓦尔德被人枪杀后,随后上任的林登·约翰逊总统亲自任命了一个特别委员会负责彻底调查这一谋杀案件。因为美国首席大法官厄尔·沃伦是这个委员会的主席,所以该委员会也被称为沃伦委员会。在长达10个月的调查后,沃伦委员会发表了一份官方报告,报告中声称刺

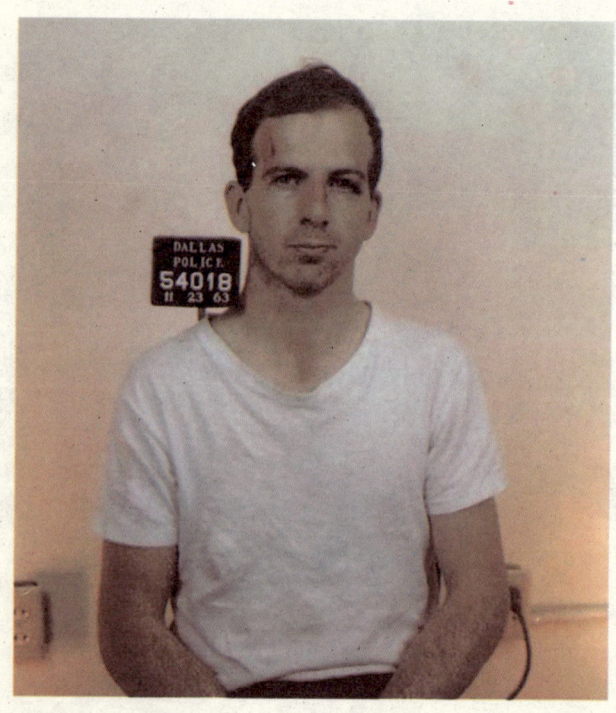

↱ 射杀肯尼迪总统的凶手李·哈维·奥斯瓦尔德

↱ 射杀肯尼迪总统的来福枪

杀肯尼迪的凶手是李·哈维·奥斯瓦尔德。是他从大楼六层上的窗口向乘坐敞篷车正从楼下经过的总统开枪将其刺杀的，而总统遇刺事件纯属奥斯瓦尔德的个人行为。沃伦委员会的调查结果全部收入到《总统特别委员会关于肯尼迪总统被暗杀的调查报告》当中，即《沃伦报告》。

后来，官方又成立了一个调查委员会——众议院遇刺案特别委员会，他们从1976年到1979年再次对总统遇刺案进行了详细的调查取证。然而他们得出的结论正好和沃伦委员会所得出的结论相反，他们认为奥斯瓦尔德刺杀肯尼迪是一个"阴谋"，而绝不是个人行为。

1991年，美国政府要求司法部对肯尼迪总统遇刺案再次进行全面调查，然而这种调查因种种原因一直没有进行。美国官方宣布，奥斯瓦尔德是刺杀肯尼迪的唯一凶手，是他致命的两枪击中了肯尼迪的要害部位，导致了肯尼迪的死亡。然而，美国公众认为官方给出的结论根本不能令人信服，美国政府有意掩盖了刺杀肯尼迪的真相。他们认为肯尼迪总统遇刺案还存在着很多置疑，于是各种关于肯尼迪遇刺案真相的猜测便流传开了。

有人认为刺杀肯尼迪总统的真正

凶手是美国中情局的特工。1961年，美国中情局发起了入侵古巴的"猪湾事件"，结果却死伤惨重，他们将惨败归咎于肯尼迪不肯进行空中支援，为了报复，便策划了肯尼迪遇刺事件。

也有一些人认为继任总统林登·约翰逊才是肯尼迪遇刺事件的幕后黑手。据说当年肯尼迪和约翰逊在很多方面都存在着矛盾，而肯尼迪也在为自己连任选举重新选择副总统。此外，当时和副总统有关的贪污案件传播开来，肯尼迪决定进行财政改革，这样一来，约翰逊的利益集团将受到重创。于是，约翰逊便和支持者达成了一致，策划了这场谋杀案。肯尼迪遇刺案之所以迟迟没有将调查的矛头指向约翰逊，是因为联邦调查局局长胡佛，因为他和约翰逊之间的关系非比寻常。据说，约翰逊身为副总统时的情妇马德莱娜透露，刺杀肯尼迪是得克萨斯州的石油大亨哈罗德森·亨特出钱、约翰逊具体策划和幕后指挥的。

⬆ 肯尼迪遇刺后，副总统林登·约翰逊在空军一号上宣誓就任总统之职

还有一些人声称肯尼迪的死可能和南越吴庭艳政权有关。当年由美国中情局支持的吴庭艳当上了越南共和国总统，但是后来吴庭艳集团的残暴统治，和后来的宗教灭绝恐怖活动激起了当地民众的强烈愤慨。肯尼迪曾亲自致信训斥吴庭艳，但吴庭艳根本听不进去，于是肯尼迪下令中情局，着手"解决"吴庭艳。1963年，美国政府策动了南越的军事政变，在政变中吴庭艳被军队乱枪打死。所以有人认为肯尼迪遇刺很可能是吴庭艳的余党对肯尼迪的报复行动。

还有一些人猜测肯尼迪遇刺是美国极右翼势力所为，其中包括美国黑帮势力和古巴流亡分子等。关于肯尼迪遇刺事件的说法有很多，但是真相仍然扑朔迷离，始终无法知晓。

肯尼迪被刺杀后的数十年内，涉及该案的一些重要证人都相继神秘地死去，关于遇刺事件的内幕也就成了人们心中的一个难解的谜。更让人意想不到的是，据说肯尼迪的弟弟——罗伯特·肯尼迪曾经秘密阻止沃伦调查委员会调查肯尼迪之死的真相。而且，还指使一名海军上将将肯尼迪的大脑偷出，做了手脚后又重新放回。很明显，肯尼迪遇刺案一定另有隐情，而肯尼迪家族为了保护家族其他成员以及子女的安全不敢揭露这个秘密。

和约翰·肯尼迪遇刺案有关的档案资料都被列为了国家机密。或许，在所有的资料都公布之后，约翰·肯尼迪遇刺案才能真相大白。

美国中央情报局

中央情报局是美国最大的情报机构，也是全球最大、最强的间谍机构，简称中情局，英文缩写为CIA。为了维护美国的国家利益和安全，中情局公开和秘密地收集和分析关于全球政治、经济、文化、军事、科技等各个方面的情报，同时协调国内其他情报机构的活动，并把这些情报报告给美国政府各个部门。中情局最早是在美国独立战争时期，由乔治·华盛顿总统成立的，当时名叫美国情报组织战略服务局，二战后被撤销。1947年，中央情报局正式成为美国总统执行办公室的一个独立机构，总部设在弗吉尼亚州的兰利，由管理处、行动处、科技处和情报处四个主要部分组成，地位和功能相当于英国的军情六处和以色列的摩萨德。

埃及总统萨达特遇刺之谜

观点：1981年10月6日，在埃及庆祝10月革命胜利8周年的阅兵式上，总统萨达特遇刺身亡。他的死震惊了非洲，也震惊了世界各国。有人认为是凶手个人为了报私仇，有人认为凶手是被某个组织派去执行任务的，还有人认为是萨达特一次非公正的搜捕行动导致了刺杀事件的发生。

1973年10月6日，埃及军队越过了苏伊士运河，对以色列占领的西奈半岛发起了猛攻。在这次战争中，埃及军队打破了以色列不败的神话，在世界上的威望大增，而

↓ 穆罕默德·安瓦尔·萨达特

↥ 凶手用枪扫射主席台的瞬间

　　组织策划和指挥了这场战争的萨达特则在一夜间成为了阿拉伯世界的英雄。因为战争是发生在10月，所以此次战争也被称为十月革命。从此以后，每年的10月6日，都成了埃及一个重要的节日，人们为了庆祝那场战争的胜利，还要举行盛大的阅兵典礼。1981年10月6日，是十月革命胜利的8周年，然而就是在这个8周年的阅兵式上，总统萨达特遇刺身亡了。

　　1981年10月6日，在8周年的阅兵式进行到快要结束的时候，是空中战斗机的特技表演和地面部队同时接受检阅。萨达特总统在副总统穆巴拉克和国防部长加扎拉的陪同下，十分投入地欣赏着战机的精彩表演。当6架幻影喷气式战斗机掠过广场上空时，人们的注意力全被机尾拉着的六道彩色烟幕所吸引,没有注意到地面上正要通过主席台的炮车。在车队行进过程中,一辆炮车稍稍离开队伍并在检阅台前停下来,但这并没有引起人们的警觉,只是认为车出现了故障,因为出现故障在埃及军用车辆中是平常的事。而萨达特总统则以为车上的军官要过来敬礼。没想到,当车停下来以后,一名士兵从车上下来,迅速走向主席台并且向主席台投掷了手榴弹,接着又用冲锋枪对着主席台一阵猛射。萨达特总统和另外几个人当场倒在了血泊中,整个过程仅仅45秒钟。

当射击停止时,萨达特被迅速送到9英里以外的马迪军

🔽 1977年11月,萨达特同以色列总理贝京会晤,打开了埃以直接对话的渠道

↑ 萨达特纪念碑

医院,虽然医生们采用了各种办法抢救但仍然没有救活萨达特。

不久,射杀萨达特的凶手伊斯兰布里就被抓到了,但是军事法庭在审判他时只是单纯地讯问暗杀的具体细节,并没有涉及到其他方面。所以,伊斯兰布里是独自策划了刺杀事件,还是与别人共同策划,或者幕后还有其他参与者,这些问题都没有得到清楚的解释。

在萨达特遇刺身亡的事件中,一些不合理的现象引起了人们的怀疑。首先,作为总统,萨达特竟然毫无防卫。在来检阅游行时,萨达特的轿车周围共有五名卫兵,当枪击开始时,这些卫兵以及其他的保安人员不见踪影。其次,在枪击开始时,没有任何武装警卫出来保护萨达特,也没有任何狙击手从上面的阳台上开枪。这些不由得让人怀疑此次遇刺事件是一个早就布置好的阴谋,也并不是单个人就能完成的。

有人认为伊斯兰布里是接受了组织领导的指令，和别人共同策划了谋杀萨达特的行动。但是有人却认为，伊斯兰布里刺杀萨达特纯属个人目的，因为他的哥哥就在一个月前的大搜捕中被捕，所以他刺杀萨达特纯粹是报私仇。

也有一些人认为萨达特之所以会被刺杀，和埃及与以色列的和解有关。为了有效地解决中东问题，1977年6月13日，萨达特总统出访以色列，打破了埃及和以色列关系的僵局。1979年3月，埃及与以色列签订了《和平条约》，并且在1980年正式建交。萨达特的和平政策引起了埃及国内的原教旨主义者强烈反对。另外利比亚、巴勒斯坦、伊朗、叙利亚和黎巴嫩的领导人也都对萨达特的中东和平政策给予了无情抨击。一些巴勒斯坦武装组织则把萨达特称为"叛徒"、"卖国贼"。利比亚、伊拉克、阿尔及利亚和叙利亚等国还宣布断绝与埃及的外交关系。埃及赢得了以色列的好感，但失去了大多数国家的支持，外交上空前孤立。除此之外，国内的反对声也高涨起来。

1981年9月3日，萨达特以"维护民族团结和社会安宁"之名，进行了一次空前规模的大搜捕。根据知情人士透露，在逮捕的3000余人中除了真正的反政府主义者和宗教狂热分子，还有很多是政治观点与萨达特相左，而且还曾经攻击过他本人及其家庭的人。因此有很多人认为正是这次非公正的搜捕行动，直接导致了他一个月后的遇刺。

萨达特死后几天，他的葬礼在埃及纳斯尔城胜利广场无名战士墓地举行。在一块黑色大理石墓碑上，题着萨达特本人三年前提出的墓志铭："默罕穆德·安瓦尔·萨达特总统，战争与和平的英雄，他为和平而生，他为原则而死。"1982年4月24日,以色列军队按照《戴维营协议》全部撤出西奈半岛,埃及收复了被以色列占领了长达15年的领土,也结束了30余年的对立状态。到此为止,埃及人民才真正感受到这一切正是他们的领袖萨达特用鲜血换来的,也充分意识到了萨达特墓碑上所刻的墓志铭的分量。

萨达特

埃及总统穆罕默德·安瓦尔·萨达特于1918年12月25日出生,共有13个兄弟姐妹。1938年在开罗军事学院毕业后,次年就秘密建立"自由军官"小组,而且还因从事反英活动曾两次被捕入狱。加入了纳赛尔的自由军官组织后,曾参加了推翻法鲁克王朝的七月革命,并且支持纳赛尔在1956年当选总统。1970年纳赛尔逝世后,身为副总统的萨达特继任总统一职。在当选总统后,萨达特摆脱了苏联对埃及的控制,并且在1973年10月和叙利亚一起发动了第四次中东战争,也就是十月革命。1980年埃及与以色列正式建交,两国结束了长达30年之久的战争状态。1978年萨达特获得了诺贝尔和平奖,但是在1981年10月6日举行的庆祝十月战争胜利8周年的阅兵式上遇刺身亡。

政坛要人篇

○ 宋教仁血案

○ 廖仲恺遇刺之谜

○ 张作霖遇刺之谜

○ 巴顿将军死亡之谜

○ 马丁·路德·金遇刺之死

○ 菲律宾政坛人物阿基诺遇刺之谜

○ 瑞典首相帕尔梅遇刺之谜

宋教仁血案

观点：1913年3月20日晚，宋教仁在上海火车站遇刺身亡，但是关于遇刺案的真相却仍然是一个谜。有人认为是其他党派所为，有人怀疑是袁世凯幕后指使，还有人认为是陈其美策划了暗杀。

○ 宋教仁

1913年3月20日晚，应袁世凯急电相邀北上磋商国事的宋教仁来到了上海火车站，准备乘坐火车去北京。当时来送行的有黄兴、于右任、廖仲恺等人，他们从车站的议员休息室出来，正准备向检票口走去，突然有人朝着宋教仁开了枪。枪声响过之后，宋教仁便捂着自己的肚子说中弹了。与此同时，一名男子从人群中急切地窜逃。黄兴等人一面呼喊巡警追捕凶手，一面将宋教仁送往就近的医院。宋教仁被送进医院后，医生很快为他做了手术，将子弹取了出来，但是因为子弹由右腰射入伤及了肝脏，导致伤势过重，终因抢救无效身亡，他死时年仅31岁。宋教仁在临死前还曾经向袁世凯发去一封电报，除了叙述自己遇刺的经过，还希望袁世凯能够以共和为重，保障民权。

宋教仁遇刺殉难的消息很快传遍了全国，大家在震惊之余不免群情激愤，纷纷要求政府侦破此案，尽快将凶手缉拿。案件发生时，正在日本访问的孙中山闻讯后当即发出急电，希望能尽快缉拿凶手，为宋教仁昭雪。黄兴与陈其美各方联络，并悬赏万元缉拿凶手；江苏都督程德全也要求全省各地官吏限期破案；就连沪宁铁路局也主动拿出了5000元赏金缉凶，因为凶案发生在他们管辖的火车站内。总之，社会各界都要求尽快抓到杀害宋教仁的凶手。

就在宋教仁遇刺身亡的第二天，便有人前去巡捕房报案，凶手很快就被抓到了。根据调查得知，凶手名叫武士英，山西人，原本是清军的武官，并非职业杀手。但是据他反映，他根本不认识宋教仁，也不知道自己所杀的是谁，只是在上海流浪的时候，有人给他了一大笔钱让他杀人，他只是按照那个人提供的照片去杀人。根据他的口供，给他钱的人是应桂馨。应桂馨曾任南京临时大总统府庶务科长，后来被撤职后便到了上海。上海租界巡捕房紧急搜查了位于法租界的应桂馨住宅，但并没有什么收获。后来一名警探略施小计取得应桂馨的小妾的信任，从一个藏在墙角洞穴中的小箱内获得大量重要的信件与电报。没想到这些信件和电报竟然牵扯到了国务总理赵秉钧、国务秘书洪述祖。他们都是袁世凯的心腹。由于事关重大，巡捕房不得不慎之又慎。

↑ 宋教仁先生的照片

↰ 宋教仁墓

↑ 袁世凯

因为没有足够的证据,他们也不能断定国务院与宋教仁遇刺案有关,更不敢断定临时大总统也有嫌疑和责任。

4月16日、17日,应桂馨和武士英两人由租界引渡到中国上海司法当局,所有与案情有关的证据也都全部移交。在黄兴、陈其美等人坚持下,上海地方法庭决定于1913年4月25日公开审理宋案。然而,就在开庭审理前一天,凶手武士英竟在严密的监护下中毒身亡。这样一来,本已明朗的案情急转直下,再次陷入僵局之中。直接凶手武士英死后,他所供出的幕后主使人应桂馨便万般抵赖,与应桂馨有信件往来的洪述祖也逃入青岛租界。洪述祖在青岛发了一个通电,说与应桂馨的联系,是假借中央名义,只想毁坏宋教仁名誉,并无谋杀之意。赵秉钧便以洪述祖通电为据,将刺杀一事推得一干二净,对法庭的传讯,更是置之不理。不久,就连关押在上海监狱的应桂馨也被人劫狱救出,躲入了青岛租界,后来又因为一些政治原因被杀。更令人想不到的是,在应桂馨被杀后仅一个多月,另一个嫌疑犯赵秉钧也突然死亡,这就让案件显得更加的扑朔迷离。

这一激起全国强烈反响的谋杀案到底是何人所为,社会各界纷纷猜测不已。有人认为宋教仁被杀是因为党派之争,所以幕后主使者有可能是其他党派;也有人推定是宗社党所为,他们企图通过这种残暴手段恢复满清皇权统治;义愤填

🔼 黄兴像

膺的国民党则认为凶手是受袁世凯指使的,是他要除掉宋教仁。因为1912年8月25日,国民党在北京召开成立大会,宋教仁被选为了代理理事长,并且国民党成为了国会第一大党。根据法律,国民党即将组建责任内阁来限制总统的权力,有人甚至公开主张改选总统。为了安抚宋教仁领导下的国民党,袁世凯决定收买宋教仁,他先是封官许愿,最后又用重金收买,但是宋教仁都不为所动,依然坚持自己的政治理想,声称要组建清一色的国民党内阁，并痛陈、袁氏政府的腐败。袁世凯见收买不成，便起了杀机。虽然说袁世凯有很大的嫌疑，但到目前为止，并没有确切资料显示是袁世凯策划了暗杀宋教仁的行动。

还有一些人则怀疑幕后主使者是陈其美，因为陈其美身上背负了很多命案，而且擅长搞暗杀。陈其美是浙江湖州人，于1906年赴日学习，后来加入同盟会结识了黄兴、宋教仁、汪精卫、胡汉民等人。陈其美同凶手应桂馨、武士英等都是共进社成员，也是国民党党员。应桂馨还是陈其美的密友，两人的关系非同一般。辛亥革命后，应桂馨又担任了陈其美的谍报科长，还曾被陈其美派去保卫孙中山。直接凶手武士英也是在陈其美控制下的监狱里死掉的。宋教仁遇刺后，袁世凯立即提出要以司法手段解决。但革命党却跳开司法道路发动了二次革命，并且在二次革命期间，陈其美的士兵有意捣毁了上海检察厅的很多原始档案。但是，陈其美到底是不是杀害宋教仁的真正凶手，现在已经很难查明。

如今，宋教仁遇刺案已经过去近100年了，遗憾的是，真相至今不明。虽然宋教仁遇刺案成了一桩悬案和疑案，但是毫不夸张地说，宋教仁被刺案是中国近代史的一大转折，它既促成了袁世凯的迅速垮台，也造成了中国民主政治的倒退以及反动势力的猖獗。

袁世凯

袁世凯，字慰亭，号容庵，河南项城人，曾是北洋军阀的领导人。1911年10月10日武昌起义，袁世凯被清廷任命为内阁总理大臣。袁世凯一面以武力压迫南方革命，另一方面暗中与革命党人谈判。2月12日，袁世凯逼清帝逊位。2月15日，南京参议院正式选举袁世凯为临时大总统，3月10日袁世凯在北京就职。1914年1月，袁世凯下令解散国会，随后又废止中华民国临时约法，在5月推出新的《中华民国约法》，改内阁制为总统制。1915年12月，袁世凯恢复了君主制，建立洪宪帝国，行君主立宪政体，把总统府改为新华宫。但是，袁世凯的称帝遭到社会各界的反对，于是次年3月份袁世凯宣布退位，恢复"中华民国"年号，起用段祺瑞为国务卿兼陆军总长。1916年6月6日，袁世凯病逝，时年57岁。

廖仲恺遇刺之谜

观点：1925年8月20日国民党左派领导人廖仲恺在广州遇刺身亡，但是关于刺杀的内幕却至今是个谜。有人说是国民党右派代表人物胡汉民的弟弟策划了谋杀案，有人说是蒋介石参与策划了刺杀廖仲恺。

廖仲恺出生于美国旅美华人家庭，大学毕业后加入了同盟会，而同盟会正是国民党的前身。国民党自成立起内部就派别林立，各派在政见上也存在着分歧，后来又分为了政见不同的左、中、右三派，廖仲恺一直跟随孙中山并成为左派代表。1913年以后，孙中山流亡日本时，廖仲恺便一直跟随在他左右，成为他最忠实得力的干将。1924年，孙中山决定联俄联共并改组国民党时，除了廖仲恺积极拥护外，党内多数元老都不赞成。国民党改组后，廖仲恺又身兼中央工人部长和农民部长，并且积极支持工农运动。1925年3月孙中山在北京病逝后，国民党内斗争日益激烈，并且逐渐分裂为两个党部，除了广州有一个正统的中央党部外，上海还成立了一个"中央党部"，人称"西山会议派"。由于孙中山死后没有明确的继承人，于是在国民党内部就形成了以廖仲恺为首的左派、蒋介石为代表的中派和以胡汉民为首的右派。虽然孙中山病逝了，但是廖仲恺在广州依然

↓ 廖仲恺

↑ 廖仲恺的妻子何香凝

↑ 黄兴像

坚持实行联俄联共和扶助农工的政策，这引起了中派和右派的不满，成为了右派打击的目标。1925年夏天，廖仲恺支持武力解决了军阀刘震寰、杨西闵，接着又担任了省港罢工委员会的顾问，这更引起了右派的嫉妒和仇恨，于是各种要暗杀廖仲恺的流言便传开了。虽然廖仲恺的妻子何香凝要求他出门时多带几个卫士，但是他却认为自己每天到处活动，根本就没办法防范。

1925年8月20日，廖仲恺和妻子何香凝像往常一样，在卫士的陪同下去中央党部，在路上他们遇到了陈秋霖，于是四人便一起搭车前往。到了中央党部后，廖仲恺和陈秋霖下车后走在前面，卫士则跟在后面。正在他们准备上台阶时，从党部楼下的骑墙边突然冲出四个人，其中两人作掩护，另两人便对着廖仲恺射击。随着一阵枪声响起，廖仲恺和身边的陈秋霖倒在了血泊之中。还没等送到医院，廖仲恺便气绝身亡了。

廖仲恺遇刺身亡的消息震惊了整个广东，国民政府专门成立了委员会追查凶手。案发时，廖仲恺的卫士开枪打倒了前面射击的两名凶手，其中一死一伤，只是让后面掩护的两名凶手逃掉了。根据调查得知，受伤的那名凶手叫陈顺，但是他只是一个穷苦无赖，不可能成为杀害廖仲恺的真正凶手，凶手一定是另有其人。陈顺虽然没有当场死亡，但是他的伤势比较严重，在昏迷中嘴里一直念着"大声佬"，这便让人将凶手与朱卓文联系在了一起，因为"大声佬"正是朱卓文的浑名，而且凶手所用的枪在广州十分稀少。后来经过证实，枪确实为朱卓文所有。遗憾的是，陈顺终因伤势过重，抢救无效身亡。只是在临死前，陈顺透露说香港有人出重金要杀廖仲恺。可惜的是，他并没有说出买凶杀人的人到底是谁。

在整件刺杀案中，有几处疑点始终无法弄清楚。正常情况下，中央党部大门口都有警察站岗，可就在廖仲恺遇刺的那天却没有岗哨，这让另两名凶手得以逃脱。那么，门口的警察是谁下令撤掉的呢？

在对廖仲恺的尸体进行检查的时候，何香凝和法医发现，廖仲恺身上中的四枪有三枪是大口径手枪的伤口，致命的一枪却是从另外方向射来的小口径枪弹所致，而在现场开火的两名凶手所使用的手枪都是大口径。显然，除了现场的几名凶手外，还有人在隐蔽处开火了。

何香凝怀疑是广州大财阀邓泽如躲在大楼内的窗口开的那致命的一枪，因为那天邓泽如一反常态很早就到了中央党部，而且他也是国民党内重要的右派。但是因为公安局长也是右派，不肯继续追查下去，所以这件案子因为长期找不出明确指使人

🔼 国民党内部分化后，蒋介石成为中派的代表人物

廖仲恺等人的合影（第二排左起依次为廖仲恺、汪精卫、胡汉民、孙中山）

而成为了历史谜案。

后来有人猜测是右派领袖胡汉民的弟弟胡毅生在幕后主使，因为他曾经召集会议商量怎么对付廖仲恺。据说胡汉民也知道此事，但是他并没有出面制止，这就等于在国民党内部达成了共识。廖仲恺遇刺身亡后，广州群众十分激愤，要求政府捉拿真正的凶手。于是胡毅生等人便躲到了香港，线索也从此中断。为了慎重起见，国民政府又指定汪精卫、蒋介石、许崇智三人组成"特别委员会"追查此案。于是汪精卫与蒋介石配合，一面对涉嫌犯下令通缉，一面又故意让这些人逃离广州，而他们又乘机攫取了广东革命政府的一切大权。国民党当局此后多年虽然表面上纪念廖仲恺,却不再追查幕后主使者。

也有人说廖仲恺遇刺是国民党反动派蓄意破坏国共合作的讯号,蒋介石有可能介入了此事。因为从后来的发展来看,廖仲恺遇刺身亡后最大的受益人就是蒋介石。右派胡汉民因为受到牵连出走,而左派又失去了代表人物,蒋介石便一跃成为了国民党内最有势力和实力的。但是因为几名凶手逃的逃,死的死,所以大家虽然怀疑蒋介石但是又没有具体的证据表明他参与了此事。就这样,廖仲恺遇刺案便成了疑案。

1925年9月1日,廖仲恺的丧礼在广州举行,来参加葬礼的除了广大市民外,还有工人、农民和学生,光是送葬的队伍就长达10多里,这样的情况在广州尚属首次。周恩来总理也亲自撰写了悼文,指出廖仲恺是孙中山先生革命志愿的继承者,并且赞扬了他在革命斗争中的勇敢。

虽然廖仲恺遇刺案曾经轰动一时,但是最后却因为凶手的死亡而无从追究,竟然不了了之。

中国国民党

中国国民党是中国历史上第一个资产阶级政党,由孙中山先生创立。1894年,孙中山先生赴檀香山号召华侨亲友,创立革命救国组织"兴中会";1905年兴中会联合华兴会、光复会等几个重要革命团体,在东京组成了同盟会;1912年年8月,同盟会又联合数个政党在北京组成了国民党;1914年7月,国民党改组为中华革命党;1919年,中华革命党改名为中国国民党,1924年1月第一次全国代表大会的举行,标志着国民党正式改组完成,进入了中国国民党阶段。孙中山建立国民党,是希望以三民主义和新三民主义为施政纲领,以联俄,联共,扶助工农为手段统一中国。

张作霖遇刺之谜

观点：1928年6月4日，张作霖乘坐的专车在从北京返回奉天的时候在皇姑屯被炸，张作霖身受重伤后不治而亡。一直以来，大家都认为是日本方面策划了暗杀张作霖的行动。

1928年6月4日凌晨，皇姑屯的爆炸巨响震惊了全世界。北洋军阀政府的末代统治者、"东北王"张作霖在爆炸中身受重伤，后不治身亡。

张作霖于1916年担任奉天督军，东三省巡阅使等职。1926年，张作霖打败了冯玉祥成为势力最大的军阀，并且被推举为安国军总司令，坐镇北京。他是北洋政府最后一个掌权者，号称"东北王"。1926年7月，南方国民革命军联合冯玉祥北伐，吴佩孚、孙传芳先后战败。1928年6月，蒋介石、冯玉祥、阎锡山三路大军进逼京津，张作霖不得不宣布撤离统治数年的北京，返回东北奉天。

为了确保安全，张作霖原打算乘坐汽车，但后来因为

张作霖

冯玉祥

↑ 全国重点文物保护单位张氏帅府，又称"大帅府"或"少帅府"，是北洋军阀张作霖及爱国将领张学良将军的官邸和私宅

公路坎坷不平，他难受颠簸之苦，所以又决定改乘火车回奉天。由于张作霖拒绝签署卖国协议，甚至对日方逐渐疏远，公然对抗，这引起了一些日本军国主义者的仇视。然而，对于日本人要刺杀他的消息，张作霖也早有耳闻。所以为了以防万一，除了派兵在北京至沈阳铁路段严密设防，他还故意宣布6月1日出京，但是后来又

↑ 张作霖乘坐的专车在皇姑屯被炸的现场

将起程日期改成2号。但是到了2号,起程的却是他的姨太太以及仆役等,而张作霖直到第三天才真正起程。

6月3日凌晨,张作霖及其全体随行人员,登上火车离开了北京。他临走时,北京各界名流、代表,以及各国使馆等中外要人都前去送行。张作霖的专车是由慈禧太后专用的花车改造而成,包括车头在内共计由20节组成。张作霖所乘的是位于列车中部的第10节车厢。当晚11时,专车抵达锦州,当张作霖从车窗内看见铁路两旁站满了荷枪实弹的士兵,而且十步一岗,戒备十分森严,他心里很是放心。

6月4日清晨,专车到达皇姑屯车站,这是由日本人经营的

↑ 张作霖在皇姑屯被炸死后,他的儿子张学良就任东三省保安总司令,开始统治东北

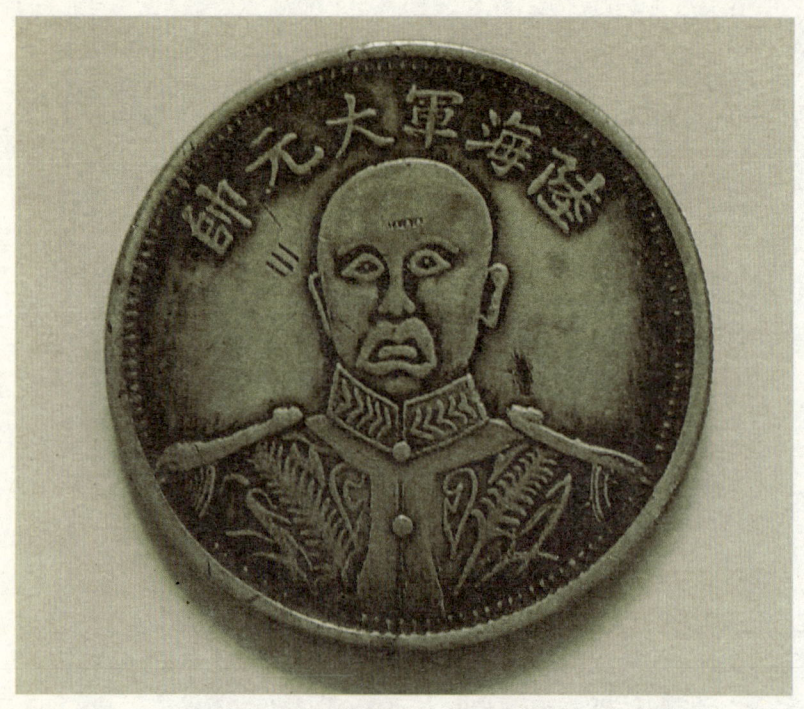

↑ 张作霖纪念银币

南满铁路和京奉铁路的交叉点，不远处是老道口，接着是三洞桥。车站边上设有日本人的岗楼，老道口正好在日本人的警戒线之内。就在列车刚刚驶过三洞桥时，两声巨响震彻了山谷，列车被炸了个粉碎，车身被崩出了很远。没有受伤的人立刻爬起来，找到了张作霖。此时，张作霖的咽喉处已经被炸了一个很深的窟窿，浑身是血。被送回大帅府不久，张作霖便因伤势过重，不治身亡。这就是骇人听闻的"皇姑屯事件"。

一直以来，"皇姑屯事件"就被认为是日本人一手策划的。当张作霖准备撤退时，日本人提出可以派兵支援他，但是条件是要签署一项协议。协议的内容是允许日本人在东三省和东蒙地区同中国人完全一样，享有自由居住与经商的权利，并将行政权移让日本人。张作霖拒绝签署，他不愿同日本政府合作，更不愿做卖国贼，所以日本方面便决定要除掉他，另选接班人。尽管张作霖的行踪十分保密，但是他的行期仍然被日本人掌握。于是，日本人在皇姑屯的某段铁轨下秘密埋下了几十包烈性炸药，把导火线接到了附近的引爆装置上，并且还派兵在沿途放哨。只等张作霖的专车一到，他们便立即引爆炸药。此事也经过了远东国际军事法庭认定。

  让人疑惑的是，1946~1948年，国际军事法庭在东京对日本战犯审讯过程中，侵华日军将领对策划暗杀张作霖的行动供认不讳。但是，上世纪40年代末，日本政府又矢口否认参与了暗杀张作霖行动，并称日本政府没有任何理由指使关东军暗杀张作霖。

  到底是不是日本政府策划了暗杀张作霖的行动，现在似乎很难断定了。

北洋军阀

  北洋军阀，由袁世凯掌权后的"北洋新军"主要将领组成，是中国近代一支特殊的军事政治力量。袁世凯死后，北洋军阀分裂为三大派系，分别是由段祺瑞控制的皖、浙、闽、鲁、陕等省的皖系，冯国璋控制的长江中下游的苏、赣、鄂及直隶等省的直系，以及占踞东北三省的张作霖的奉系。除此之外，还有徐州一带张勋的定武军，山西的晋系军阀阎锡山，西南的滇系军阀唐继尧和桂系军阀陆荣廷等。他们虽然在名义上仍接受北京政府的支配，但北京政权实际上由不同时期的军阀所控制。所以，在北洋军阀时期的北京政府又被称为北洋军阀政府，简称北洋政府。

巴顿将军死亡之谜

观点：1945年12月21日，陆军四星上将巴顿将军因车祸逝世，他的死也给后人留下了一些难解的谜。有人说他的死和艾森豪威尔有关，有人说他是被苏联特工下毒害死的，还有人说巴顿的死和"奥吉的黄金"谜案有关。

一代名将巴顿将军号称"铁胆将军"，是位战功赫赫的著名军事统帅

小乔治·史密斯·巴顿出生于加利福尼亚州的名门，他从小就立志要当将军，从西点军校毕业后不久就开始了军旅生涯。他作战勇猛，指挥果断，富于进攻精神，并且是个战术天才，曾经创造过很多军事上被视为不可能的奇迹，也获得过无数的奖项和军功勋章。在第二次世界大战中，巴顿是美国的军事统帅，并且因战功卓著被晋升为陆军四星上将。巴顿将军曾经说过在最后一场战争中战死沙场是他计划中的事，但悲哀的是他从战争中幸存下来。然而更悲哀的是，作为一名曾经叱咤战场的军人，巴顿没有献身战场，却死于战后的一次车祸。他的死还给后世留下了一系列谜团。

1945年12月9日，在巴顿将军准备从德国返回美国的前一天，他和参谋长霍巴特·盖伊少将准备最后一次去打猎。然而，谁也没有想到在去猎场的路上发生了车祸,巴顿将军乘坐的轿车与一辆大卡车发生了碰撞。巴顿将军的脊柱严重错位,头骨也受了重伤,但是车内另外的两人却毫发无伤。出事后,巴顿将军很快被送到了附近的海德堡医院。虽然伤势比较严重,但是在住院接受治疗一周后,医生们认为他已经脱离了危险。巴顿将军的夫人也准备让他回美国休养,但是12月20日巴顿将军的病情突然恶化。12月21日,巴顿将军停止了呼吸,医院给出的死亡原因是血栓和心肌梗塞。

巴顿将军逝世的噩耗很快就在部队传遍了,他的不少部将在听到噩耗后都不相信巴顿将军是自然死亡,他们认为巴顿将军是被人害死的。事实上,在那场车祸中,的确有很多可疑的地方。

首先,巴顿将军所在的车里共有3人,而发生车祸后,却只有巴顿将军一人受伤,其余两人却毫发无伤,这实在是太匪夷所思了。其次,在车祸后,两辆车和驾驶司机都被拍了照片,但是唯独没有给受伤最严重的巴顿将军拍照,以至于人们到现在都不知道巴顿将军当时到底伤在哪里了,伤得怎么样。第三,车祸现场也被迅速地清理干净了,巴顿将军所乘坐的

↑ 艾森豪威尔像

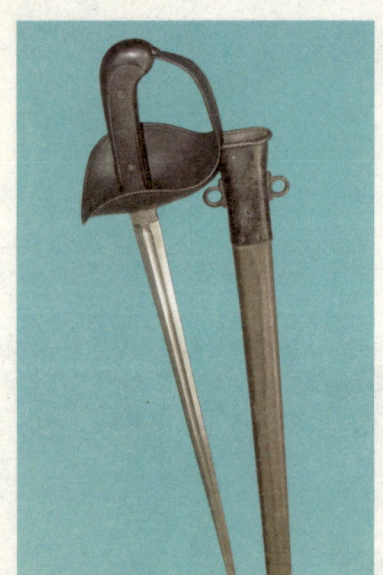

↑ 由巴顿将军设计的 M1913 骑兵军刀，也称为巴顿军刀

那辆被撞得很严重的车也被拖走了，此后也没人知道它被拖去哪里了。第四，宪兵们对现场进行的例行调查很草率，而且也没有留下任何官方记录。有人说宪兵队长曾经写下了一份调查报告，但最后却不见了。最让人吃惊的是，肇事者，也就是那辆驾驶大卡车的司机竟然在事后被莫名其妙地放走了。

于是，有人认为巴顿将军的死是一个精心设计的阴谋，他可能是政治斗争的牺牲品。巴顿将军擅长作战，却并不擅长政治外交，他曾经在美、苏的联谊会上对苏军元帅朱可夫出言不逊，并声称希望对前苏联开战，因此被斯大林视为"反苏派"。而且在二战中，巴顿将军不但数次不听指挥，违抗统帅部制订的作战方案，还公开指责他的上司艾森豪威尔将军。二战结束后，巴顿将军成为了"亲德派"，他甚至还考虑要扶植几个没有受损失的党卫军部队，艾森豪威尔曾经几次警告巴顿，要求他执行非纳粹化的计划，不要再包庇纵容纳粹分子。但是巴顿根本就不听，而且在两次记者招待会上依旧偏袒纳粹分子，并且贬低盟军关于非纳粹化的计划，还把纳粹分子和非纳粹分子的斗争极为不恰当地比喻为美国共和党与民主党两党之争。鉴于此，艾森豪威尔撤掉了巴顿第3集团军司令的职务。这也导致了巴顿和艾森豪威尔的关系从此走向破裂。所以有人认为巴顿的死可能和他与艾森豪威尔的矛盾有关系。

美国军事历史学家罗格特·威尔科斯在他的新书《目标，巴顿》中披露，巴顿将军是遭暗杀身亡的，因为他扬言要披露盟军领导人的失误而惨遭灭口。他在书中说，巴顿认为，正是由于艾森豪威尔在1944年的错误决定导致了数十万德军逃出了包围圈，随后又发动了阿登战役，致使数千名美军在战役中丧生。而且巴顿还声

↑ 在第二次世界大战中，参战的各路美军总司令的合影，前排左起第二个为巴顿将军，第四个为艾森豪威尔

称他知道很多可以毁掉许多人前程的战争机密。作者还认为如果巴顿活着说出他想说的，那么艾森豪威尔不一定能成功竞选总统。罗格特·威尔科斯声称他是听说了著名艺术家道格拉斯·巴扎塔掌握一些惊世内幕之后，开始研究巴顿之死的，而道格拉斯·巴扎塔曾经是在中情局多次立功受奖的神枪手。威

↪ 阿登战役期间被击毁的德军坦克

↪ 据说巴顿将军的死还和纳粹的黄金有关

尔科斯的书中包括了对巴扎塔的采访，以及有关他日记的一些摘录。巴扎塔讲述了他当时驾驶一辆军用卡车与巴顿的卡迪拉克相撞，随后用一发低速子弹击中了巴顿，巴顿的脖子被打断，而巴顿车上的其他人员都毫发未损，随后他又设置了车祸假现场。巴扎塔说战略情报局局长多诺万曾下令让他暗杀巴顿将军，而且他还暗示说当巴顿将军的身体开始恢复后，美国官员并没有采取有效的安保措施，任由苏联的特工混进医院，在巴顿的药物里添加了一些能够引起血栓之类的毒药。威尔科斯还找到并采访了美国陆军反间谍部门的一名军官，这名军官透露，当他获悉巴顿将军在苏联的暗杀名单上后，曾多次向多诺万报警，但却被调回国了。

除此之外，还有一些人认为巴顿的死与"奥吉的黄金"谜案有关。据说，1944 年年底，眼见败局已定，希特勒为了日后能够东山再起，便下令将国库储备的黄金和一批价

第二次世界大战美国陆军兵种领徽

说明：这是军官的兵种领徽，士兵领徽在军官领徽后加圆板。领徽下方的颜色代表该兵种色

U.S.					
陆军军官领徽	陆军航空队	装甲部队	骑兵		海岸炮兵
西点军校	工兵	炮兵	步兵		通信兵
侦察部队1942年前	特种部队1942年后	反坦克部队	陆军妇女队		将官级参谋长
将军的副官	基督教随军神甫	犹太教随军神甫	防化兵		军事监察
财政部门	军法	军事情报	宪兵		国民警卫队
军火	军需	运输	准尉符号		未确定兵种军官
军医	外科军医	牙医	医院营养专家		兽医
医院行政人员	护士	药剂师	物理治疗师		疗养师
准将的侍从副官	少将的侍从副官	中将的侍从副官	上将的侍从副官		五星上将的侍从副官

↑ 第二次世界大战中美国陆军兵种领徽

值连城的宝贝分开隐藏起来。其中一批藏在盐矿的黄金被巴顿的第三集团军发现，整整有250吨。不久，一名叫做奥吉的宪兵队长报告说在一个山洞里也发现了一个纳粹金库，但是只有一吨左右的黄金。因为这批黄金是奥吉部发现的，所以人们称为"奥吉的黄金"。但是人们奇怪的是，为什么奥吉发现的黄金只有1吨左右，和之前发现的250吨黄金相比起来实在是悬殊太大了，纳粹没有道理只在山洞里埋藏1吨黄金。所以很多人认为奥吉发现的黄金只是其中很小的一部分，剩余的被一些美国的军官们占为己有了。于是，巴顿决定追查此案，然而就在案件即将要破获的时候，巴顿就遭遇车祸死了。自此，"奥吉的黄金"一案就成为了谜案。因此很多人怀疑巴顿的死，

正是那些盗取了黄金的将领们为了怕罪行暴露而一手策划的。

现在，人们想要了解有关巴顿车祸的真实情况变得非常困难，因为美国国家档案馆中关于巴顿车祸和去世的记录都丢失了，而官方给出的解释是，在战争结束后的混乱时期，档案的混乱和丢失是无法避免的。所以，巴顿将军到底是因何而死，直到今天仍然是个谜。

四星上将

自从1981年最后一名五星上将去世后，美国军队中至今没有五星上将，因为美国国会规定，五星上将只在战时授予，所以，四星上将是现在美国军队最高的军衔，肩章上镶有四颗星徽。美军军衔分为3类11级，分别为上将、中将、少将、准将；上校、中校、少校；上尉、中尉、少尉、准尉。上将军衔一般授予军兵种最高的军事长官，在现在的美军中，只有40名上将军官，其中包括11名陆军、10名海军、14名空军、4名海军陆战队、1名海岸警卫队。而国防部长是不授衔的，因为这一职位是由文职官员担任的。

第二任联合国秘书长空难之谜

观点：1961年9月18日，联合国第二任秘书长哈马舍尔德在赴刚果执行调停任务时在恩多拉附近坠机身亡。有人认为是驾驶员操作失误导致了飞机失事，有人认为飞机遭到了袭击而坠毁，还有人认为哈马舍尔德的死是一场政治阴谋。

1905年7月29日，达格·亚尔马·昂内·卡尔·哈马舍尔德出生在瑞典，是瑞典著名的经济学家和有才华的外交官。1951年，哈马舍尔德出任瑞典驻欧洲议会及联合国大会代表，1954年4月10日当选为联合国秘书长，成为联合国第二任秘书长，并且在1957年又以全票再次当选为联合国秘书长。

在哈马舍尔德担任联合国秘书长期间，世界局势动荡不安，局部地区战争接连不断，美苏两个超级大国又正处于冷战阶段。虽然联合国基本上被美国控制，但是哈马舍尔德仍然为缓和紧张的国际局势做出了不懈的努力和巨大贡献，他曾专门去过亚洲、非洲的很多国家了解情况。1956年，哈马舍尔德建立了联合国紧急部队，并且参与解决了匈牙利十月事件。1957年，他又参与了解决苏伊士运河危机。1960

达格·亚尔马·昂内·卡尔·哈马舍尔德

↑ 联合国总部

年6月，刚独立不久的刚果民主共和国爆发了内战危机，哈马舍尔德曾几次派联合国部队前往刚果协助解决冲突。1961年9月18日哈马舍尔德去刚果执行调停任务时,他乘坐的飞机在北罗德西亚(今赞比亚)恩多拉附近坠毁，哈马舍尔德不幸身亡，与他同时殉职的还有15名随行人员和机组人员。由于他为刚果和平作出了巨大贡献，因此在他死的当年，被授予1961年诺贝尔和平奖。哈马舍尔德遇难后，接替他出任联合国代理秘书长的是缅甸的吴丹。

哈马舍尔德的意外死亡对人们来说是一件突发事件，按理说他的猝死应该在联合国，甚至在全世界引起轩然大波，但是事实却并非如此。全世界的媒体对这位曾经为了世界和平作出过不少努力的秘书长的遇难情况只持续报道了两三天后就没有了下文。诸如"世界公仆罹难！""秘书长死于谁手？""秘书长自杀？！"这样耸人听闻的标题也在两三天后逐渐从报刊上消失了。这些报道中也没有说明哈马舍尔德到底是怎么死的，以及因为什么原因死的。

联合国秘书长遇难了，这对于联合国来说是一件大事，理应迅速调查死亡原因使哈马舍尔德的死因昭然天下，但是联合国却对哈马舍尔德死亡真相的调查一拖再拖。1961年9月26日，联合国大会通过决议成立哈马舍尔德死亡情况调查委员会，但是该委员会于当年12月15日才开始工作。事发后，英属殖民政权罗德西亚却不允许联合国人员前去调查。直到半年之后，联合国调查委员会才获准入境调查，但是此时，坠机的现场已经面目全非，没有什么值得考察的东西留下。

● 联合国系统组织结构图

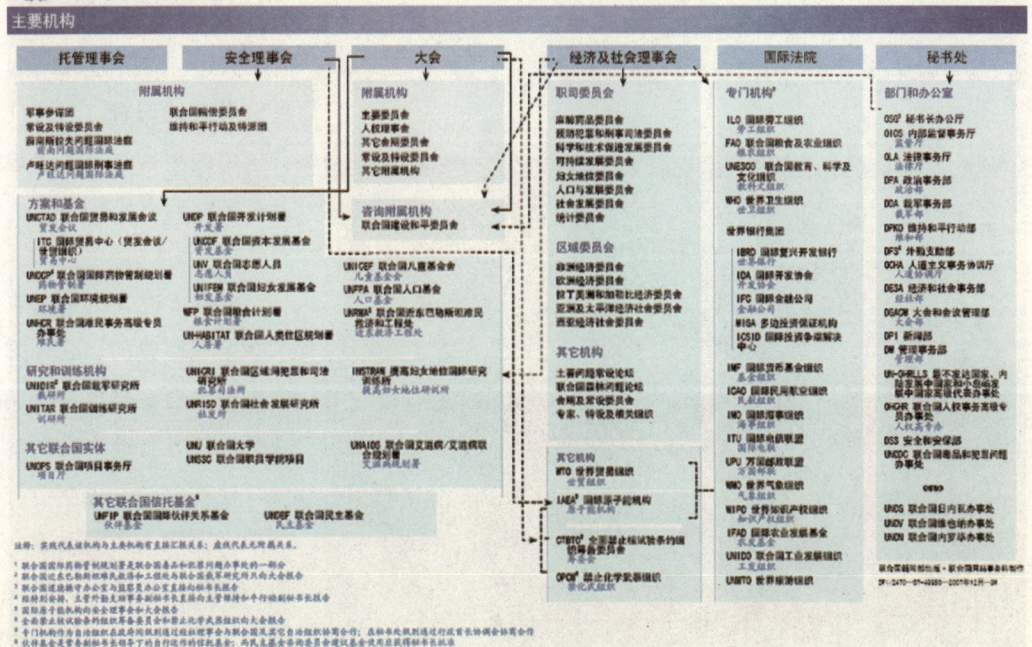

↑ 恩多拉景观

↓ 在哈马舍尔德坠机遗址有对哈马舍尔德的纪念

就这样，关于哈马舍尔德死亡的真相调查也就不了了之了。

由于哈马舍尔德的意外死亡留下了太多的疑问，再加上调查组在调查后给出了几种可能性，于是人们便纷纷开始猜测关于空难的真正原因。

有人说飞机失事是因为驾驶员的操作失误导致的，驾驶员可能把罗德西亚的恩多拉和刚果的恩多罗弄混了。罗德西亚的恩多拉位于海拔1200米的高度，刚果的恩多罗则位于河流旁边，海拔为320米。根据后来的调查，当时飞行机组的组长对这两个地方都很熟悉，显然不可能弄错的。

也有人说飞机是遭到了袭击而坠毁的。联合国调查委员会在当地进行调查时，曾有当地人反映案发时他们曾经看见空中有一架大飞机，后面跟着一架小飞机，后来大飞机突然爆炸后，小飞机就飞走了。还有人反映说曾经先听见射击声，然后看见大飞机在坠落之前已冒出了火焰。事实上，当时哈马舍尔德乘坐的飞机的确比通常在恩多拉地区着陆的飞机都要大。可惜这些说法都无法证实，因为当天恩多拉地区没有雷达对空中进行搜索，所以也就无法证明案发时恩多拉地区上空是否还有其他飞机在飞行。关于为什么恩多拉机场的对空雷达搜索偏偏在这个时候被取消的问题，没有人知道答案。

还有一种荒诞不经的说法认为飞机失事是哈马舍尔德的"自杀行为"。提出这种说法的人认为哈马舍尔德是个性格孤僻的人，他常常离群独居，而且脱离现实生活。他却在日记中写到他感到非常孤独、苦恼，并且还说他至少两次想到过自杀，因为他觉得"活着比死艰难得多"。但是假如哈马舍尔德真的要自杀，也没有必要让15名机组人员和随行人员一起陪葬。

哈马舍尔德空难的原因到底是什么呢？有人认为这是一个政治阴谋，其中有着不可告人的秘密。据说，在空难发生后，人们在飞机着火地点之外的地方找到了幸存的护士朱力安。在他醒来后，曾经对医院的护士说他是唯一逃出来的人，其余的人都落入了圈套，而且还说在降落前哈马舍尔德曾经发出了返航的命令，可惜在命令被执行前飞机就爆炸了。曾经看过朱力安的护士说他虽然被烧的很严重，但是没有致命的伤。可是，令人意想不到的是，五天后，朱力安就不明不白地死去了。在空难发生后，恩多拉医院的一辆救护车到了飞机遇难地点。一名看护透露说，他在现场看见过哈马舍尔德的尸体，他的身上和衣服上都没有烧痕。而且他在检查哈马舍尔德的身体时并没有发现僵尸的状态，那时距离事故已经过去了十几个小时了。最令他吃惊的是哈马舍尔德的尸体的姿势，如果他是从飞机中摔出来的不可能是那种半卧的姿态。因此他认为哈马舍尔德并不是在空难之后立刻死亡的。但是哈马舍尔德是如何到飞机外面去的？又是如何离开着火地点的？在他死之前又发生了什么？这些都没有人知道，因为在飞机失事后，"黑匣子"就不知去向了。显然，有人在故意掩盖哈马舍尔德死亡的真相。

哈马舍尔德的死距今已过去了几十年，然而那次空难事故留给人们的种种疑虑却一直没有消去，他的死到目前为止仍然是一个谜。如今，以哈马舍尔德名字命名的联合国图书馆——达格·哈马舍尔德图书馆仍在使用中，人们正在用这样的方式来纪念曾经为了世界和平作出贡献的联合国秘书长。

联合国秘书长

联合国秘书长是联合国秘书处的长官，根据《联合国宪章》规定，秘书长是联合国的"首席行政长官"。秘书长通常由安理会推荐，联合国大会指定，任期为五年，可以连任，并且每十年各大洲轮换一次，可以连选连任，但五大常任理事国不得参加联合国秘书长的竞争。秘书长可以根据工作需要，任命若干名副秘书长，协助其工作。秘书长主要负责秘书处的工作，履行行政长官的职务，以及安理会、联合国大会、经济社会理事会和其他主要机构托付的一些其他职务，每年都要作联合国工作报告。秘书长还有权力将其所认为可能威胁国际和平及安全的任何事件，提请安全理事会注意，同时也可利用秘书长的身份对争端的各方进行调停。

马丁·路德·金遇刺之谜

观点：1968年4月4日，著名的人权运动领袖马丁·路德·金在旅馆被人枪杀。有人说凶手詹姆斯·厄尔·雷只是幕后主使者的替罪羊，有人说是联邦调查局在幕后策划了谋杀案，也有人说马丁·路德·金是被一个神秘的三人组所杀。

1955年，身为牧师的马丁·路德·金因为组织了蒙哥马利罢车运动，进而成为了人权运动的领袖人物。从此以后，他就将自己全部的精力投入到了为黑人谋求平等的运动中，也因此受到无数恐吓、监禁、入狱、甚至是被行刺，但他始终没有放弃。1963年8月28日，马丁·路德·金在林肯纪念堂前发表了著名的演讲《我有一个梦想》，迫使美国国会在1964年通过《民权法案》宣布种族隔离和种族歧视政策为非法政策，马丁·路德·金也因为这篇演讲而闻名于世。

然而，正在马丁·路德·金竭尽全力为实现伟大的梦想而奋斗的时候，他再次被行刺。这一次幸运之神没有眷顾他，子弹正好射中他的喉咙。1968年4月，为了领导田纳西州孟菲斯市的工人罢工，金来到了孟菲斯，并且入住在当地一家名叫洛兰的旅馆。4月4日，金在旅馆的阳台上被对面射来的子弹洞穿喉咙，炸开了大动脉血管，后

著名的人权运动领袖马丁·路德·金

↑ 马丁·路德·金激情演讲

抢救无效死亡。

年仅39岁的马丁·路德·金被枪杀的噩耗迅速传遍了各地，凶手的暴行不但引起了全世界的指责，而且在美国国内几十个城市的黑人民众还纷纷涌上街头示威，要求严惩凶手。于是，约翰逊总统责令联邦调查局迅速调查此事，将凶手及时逮捕归案。

案发后不久，联邦调查局就迅速掌握了破案线索，并且很快就抓获了凶手。经调查，凶手名叫詹姆斯·厄尔·雷，是个抢劫惯犯，曾被判入狱20年，1967年4月成功越狱。他声称自己是在案发当日住进洛兰旅馆对面的公寓，傍晚开枪打死了马丁·路德·金，并且对自己的罪行供认不讳。联邦调查局通过分析所谓的雷在狱中服刑的情况，认为雷作案的动机是因为他仇恨黑人，更痛恨金领导的民权运动，所以可能为了金钱而进行暗杀活动。

1968年10月，孟菲斯法庭终于开始对詹姆斯·厄尔·雷进行审判。然而在审判前夕，雷在接受美国《展望》杂志的访问中声称自己杀害金是有人答应给他一笔数目可观的金钱，唯一的条件就是杀掉金。因此，该篇报道的作者在文章中写道，马丁·路德·金的被害是密谋，而雷并不是单独作案。人们对雷的说法将信将疑，因此希望法庭尽快审理此案。然而在开庭的前一夜，雷又要求更换律师。这样一来，最后的开庭日期又

◆ 丁·路德·金与妻子

被拖延到了1969年3月10日。可是让人更想不到的是，在开庭的前夜，孟菲斯司法当局宣布，公诉方和辩护方已达成协议：雷承认自己有罪，作为交换，他将不坐电椅，而是坐99年牢。审判当天，法庭宣布雷是杀害金的唯一凶手，而且也同意双方达成的处置方法，判处雷99年徒刑。雷在被送进监狱没多久，就提交了上诉状，他声称自己是无辜的，是因为有人胁迫和诱骗，他才认罪的。他请求

↑ 美国联邦调查局改制之后的第一任局长约翰·埃德加·胡佛

法庭重新审理他的案件,但却因为种种原因没有被受理。

对于审理詹姆斯·厄尔·雷案件的过程,人们感到十分蹊跷。在分析了雷以前的种种行为之后,人们开始怀疑雷是否真的是杀害金的真正凶手?雷曾在洛杉矶盗窃了一台打字机,逃跑时因为停下来捡自己掉在地上的银行存折结果被抓获;他在圣路易斯逃避追捕时,躲进电梯间,但因为忘记关电梯门而被抓住;他在抢劫一家食品店之后驾车逃跑,在急转弯时却将自己甩出了车外。这样一个糊涂、愚蠢的三流窃贼,如何有勇气和智慧成功越狱,随后又进行暗杀活动呢?于是,人们开始相信雷的刺杀行为应该不是他一个人的能力所为,在他的背后还有力量支持着。那么这个幕后策划者又是谁呢?

有人怀疑联邦调查局参与了此案,因为在很早之前,联邦调查局局长胡佛曾怀疑金是一个"亲共"分子,就派特工监视马丁·路德·金,并且还企图用金钱拉拢他,但是遭到了拒绝,后来还利用种种罪名将他逮捕入狱。因此人们不得不怀疑联邦调查局和金的死有关。1986年,雷与美国《进步》月刊记者长谈时说:"如果将来查明,联邦调查局插手了杀害金的准备工作,我不会感到惊奇……已经证明,在金的组织中有联邦调查局的人,他们还监视金,企图杀害金。当金被害后,联邦调查局就急忙寻找像我这样的单独的替罪羊……"

迫于舆论的压力,在马丁·路德·金被害10年后,美国国会对金被刺一案重新进行专门调查。调查所得材料达数十万页,总结报告达800页,结论是金死于密谋。这一次调查虽然有了新的结论,但仍然宣布无法查明密谋的具体参加者。

马丁·路德·金被害35年后,一名叫做威尔逊的美国牧师向《纽约时报》的记者透露,他的父亲亨利是一个三人小组的头,而当年枪杀金的正是这个小组。威尔逊指出,他的父亲虽然不是种族主义者,但却觉得金与共产主义有联系,因此必须杀掉他。威尔逊还说他父亲在世时曾反复强调,"把马丁·路德·金杀掉是每一个热爱美国的人应该做的事","为了整个国家的前途,这样做完全是责任所在。"威尔逊的父亲已经去世十年了,所以威尔逊所说到底是真是假,也无从得知了。

如今,马丁·路德·金已经去世数十年了,但是关于他的死仍然是

➡ 马丁·路德·金纪念馆

➡ 里根总统

个谜。虽然人们已经知道金的死是一个密谋,但是刺杀事件的真相却仍然扑朔迷离。不过,美国人民并没有忘记他。1986年1月,总统罗纳德·里根签署法令,规定每年一月份的第三个星期一为马丁·路德·金全国纪念日,这一天全国放假,以此纪念这位伟大的人权运动领袖。

种族歧视

种族歧视是指根据种族将人们分割成不同的社会阶层从而加以区别对待的行为,在古代就已经存在。种族歧视的表现形式是多种多样的,有公开的,也有隐蔽的;有语言的,也有行动的等,而且表现在社会生活的各个方面。现在,在世界上的一些地区仍存在种族歧视现象,美洲的黑人、印第安人,大洋洲的土著居民,欧洲的原殖民地移民、少数民族和外国工人等都是种族歧视的受害者。美国在南北战争后,虽然从法律上废除了奴隶制度,但是黑人仍受种族歧视和压迫,在政治、居住、就业、教育等方面从未享受到与白人相同的待遇。

菲律宾政坛人物阿基诺遇刺之谜

观点：1983年8月21日，贝尼格诺·阿基诺从美国返回菲律宾，在马尼拉国际机场遇刺身亡。由于案情扑朔迷离，阿基诺的死至今仍然是一个谜。有人认为是当时的总统马科斯及其夫人幕后策划了谋杀案，有人认为是美国的中情局策划了谋杀案，还有人则认为阿基诺的死和菲律宾的重要人物许寰戈有关系。

贝尼格诺·阿基诺是菲律宾著名的政治人物，1965年他当选为参议员，曾任自由党总书记。1972年，执政的菲律宾总统马科斯宣布戒严，作为反对党的阿基诺遭控入狱，1977年因被指控从事颠覆活动而被判处死刑。不过由于国内外民众的抗议，案件得到了重新审理的机会。1980年5月，阿基诺获准假释出狱去美国就医，在美国他度过了3年的流亡生活。经过了长期的抗争后，阿基诺获得了回到菲律宾的机会，并准备参加议会选举。据说，早在阿基诺回国前，就有人警告他，说有人可能会杀他，但是阿基诺不以为然。1983年8月21日，阿基诺搭乘的飞机降落在了马尼拉机场，然而就在他走下飞机阶梯时却遭到了枪杀，当场死亡。当时机场顿时大乱，保安人员立刻将阿基诺的尸体拖进了一辆汽车。

阿基诺被杀后不久，军方就宣称凶手是已经被特工当场打死的一名叫做罗兰多·加

◆ 贝尼格诺·阿基诺是菲律宾著名的政治人物，也是马斯科总统的政治死敌

↑ 1983年阿基诺从美国返回菲律宾，在马尼拉国际机场遭暗杀

尔曼的机场运货人员。他是一名雇佣枪手，可能被人利用来进行暗杀活动。但是跟随阿基诺一路回国的记者却认为是保安人员在押送阿基诺走下扶梯最后一级时从背后开枪杀死了他。阿基诺无故惨遭杀害一事，不但在菲律宾引起了巨大反响，而且在国际上也引起了轩然大波。泰国、日本、澳大利亚、美国等一些国家纷纷发表讲话，希望菲律宾政府尽快查明事情的真相。

为了彻底查清阿基诺遇刺事件，马科斯总统下令成立了五人调查委员会，调查从1983年11月开始。1984年10月23日和24日，委员会分别提交了两份报告，一份报告声称当时负责机场保安工作的空军将军卢瑟·库斯托迪奥是谋杀的策划者之一；另一份报告则认为，谋杀的主要策划者是菲律宾武装部队的总参谋长法维安·贝尔上将，参与这一阴谋的还有大马尼拉市的司令奥列斯和库斯托迪奥等20名军人。虽然这两份报告有些分歧，但是都否定了之前军方给出的说法,那就是都认为凶手并不是机场运货人员罗兰多·加尔曼。首先,加尔曼要想在戒备森严、层层警戒的机场接近阿基诺,本身就比较困难,更何况还要近距离一枪击中要害呢?其次,经过法医检验,阿基诺头上的伤口是由上而下的射击所造成的,那么站在地面的加尔曼就更不可能从上而下射击了。况且凶手如果真是加尔曼,特工人员只要解除他的抵抗能力就可以了,为什么在他被击倒在地后,又向他乱枪扫射呢?

根据调查委员会的报告,菲律宾反贪污法院于1985年2月开始审讯,先后举行了几十次公开或秘密的听证会,并且数次开庭,期间共传讯的证人就有一百多名。12月初,法庭对于阿基诺遇刺案进行了宣判,判决声称杀害阿基诺的凶手就是加尔曼。而打死加尔曼的那名士兵也被无罪释放了。除此之外,将之前逮捕的贝尔等26名嫌疑犯也都无罪释放了。对于这个判决,很多人不信,认为是政府故意要隐瞒真相。可是,原告律师又没有有力的证据和证人来推翻法院的判决,于是阿基诺谋杀案就这样结案了。

1986年,马科斯下台,阿基诺的夫人科拉松·阿基诺当上了菲律宾总统。1986年6月6日,菲律宾成立了一个三人特别委员会,重新审查阿基诺—加尔曼双重谋杀案。该委员会于7月3日宣布,菲律宾反贪污法院关于贝尔等26名嫌疑犯无罪的判决无效。9月16日,反贪污法院重新下令逮捕了26名被告。

⬆ 在阿基诺夫人被宣布当选菲律宾总统后,她向她的支持者们展示斗争的手势

⬇ 贝尼格诺·阿基诺夫人

在参加总统竞选时,阿基诺夫人和她的竞选搭档在马科斯水泥雕像前竖起大拇指朝下

1987年8月19日,菲律宾反贪污法院重新开庭审理阿基诺遇刺案。由于马科斯已经下台了,所以一些以前关键证人纷纷开始出庭作证。在这些证人中,最重要的是一名叫做巴塞罗纳的马尼拉机场勤杂人员。他说案发当时,他正好驾驶一辆拖车在停机坪上,他亲眼看见了阿基诺在即将走下舷梯时,他身后的一名士兵突然从腰间掏出手枪对准阿基诺的头部开枪。接着他又听见一声枪响,然后看见一名穿着航空公司制服的人倒在了舷梯外。他还说四年间,除了他的父亲外,他没有对任何人说起过此事,因为他担心说出真相会招来杀身之祸。巴塞罗纳以自己亲眼所见的事实证明了杀害阿基诺的凶手不是加尔曼。他的证词也成为了重新审理阿基诺一案的

转折点。

在巴塞罗纳出庭作证后,法庭又发现了日本一家电视台记者录下的马尼拉机场的磁带。为了鉴别磁带中的声音,警方邀请了日本声纹学专家参加了鉴别工作。专家在对磁带中的声音进行了反复分析和研究后,通过声鉴坚定指出杀害阿基诺的凶手应该是警备队的军人。1990年9月28日,特别法庭宣判16名被告犯有双重谋杀罪,并且判处每人两个无期徒刑。但是人们更关注的是,杀害阿基诺的幕后凶手是谁。

很多人都怀疑杀害阿基诺的背后主谋是马科斯,因为阿基诺是他的政治死敌,他不想让阿基诺参加随后的议会选举,所以就在他回国的时候杀了他。但是一些学者却认为这个可能性不大,因为马科斯知道,如果阿基诺死了,他的嫌疑最大,人们会直接将怀疑的矛头指向他。事实也正是如此,阿基诺的惨死导致了菲律宾爆发了人民力量主导的"二月革命",马科斯也被迫下台,最后流亡美国。

↑ 伊梅尔达·马科斯

↑ 菲律宾爆发"二月革命"

↑ 贝尼格诺·阿基诺被刺后的情景

也有人认为是马科斯的夫人伊梅尔达策划了阿基诺谋杀案。除了政治考虑，伊梅尔达还为了报当年阿基诺让他作为第一夫人颜面扫地的仇。因为当年阿基诺曾把马科斯与人偷情的录音带交给左派在校园电台上播放，伊梅尔达对此耿耿于怀。不过，伊梅尔达却声称阿基诺死于美国人制造的阴谋。而曾参与此案调查的一位委员会成员也在后来透露，为了让马科斯下台，以便用更听话的傀儡代替，所以美国中央情报局就一手策划了阿基诺遇刺案。但是这样的说法却没有有力的证据。

还有人则说阿基诺谋杀案还和一个人有关系，那就是菲律宾生力集团的大老板丹丁·许寰戈。许寰戈是纵横菲律宾商界和政界的人物，与马科斯和阿基诺家族都有着非比寻常的关系。他是阿基诺夫人的堂兄,同时又长期追随马科斯,被视为马科斯的接班人。所以他完全有除掉阿基诺的动机。但是阿基诺的家人却不相信这种说法,并且出面证明阿基诺和许寰戈的关系非常好。

尽管经历了数次审判和数百人的出庭作证,但阿基诺被刺的案情始终充满疑点。所以,阿基诺遇刺案至今仍然笼罩在迷雾之中,成为了菲律宾现代政治史上最大的谜。

科拉松·阿基诺

科拉松·阿基诺,全名为玛丽亚·科拉松·科明昂科,祖籍中国福建省龙海县鸿渐村,本姓许。1933年1月25日出生于马尼拉市,她的祖父、父亲和哥哥都担任过国会议员,叔叔和堂兄也当过参议员。1954年,科拉松嫁给了菲律宾自由党总书记、参议员贝尼格诺·阿基诺。1983年,阿基诺在马尼拉机场遇害身亡,此后,科拉松便投身并领导了反对马科斯政权的政治运动。1985年12月,阿基诺夫人作为反对党候选人参加总统选举,并在次年成为菲律宾和亚洲国家历史上第一位女总统。阿基诺夫人执政期间,表现十分亲民,深得菲律宾人民的拥护和支持。她成功主持制定了国家的新宪法,并规定总统不得竞选连任,除此之外还停止了美国长期牵制菲律宾的美菲军事基地协定。在她的不懈努力下,菲律宾所面临的严峻局面得到了极大地改善。卸任后,她出任了首都银行基金会名誉会长。2009年,阿基诺夫人因病去世。

瑞典首相帕尔梅遇刺之谜

观点：1986年3月1日，瑞典首相奥洛夫·帕尔梅在斯德哥尔摩市的一条大街上遇刺身亡，凶手至今依然逍遥法外。有人认为是克罗地亚分裂分子策划了谋杀帕尔梅的行动，有人说首相是遭到了军火商的报复，也有人说和瑞典情报部门有关，还有人说是土耳其工人党在幕后策划了谋杀行动。

↓ 欧洲最年轻的首相奥洛夫·帕尔梅

奥洛夫·帕尔梅1927年1月30日出生于斯德哥尔摩的名门世家，他聪颖好学，诚实稳重，26岁成为总参谋部秘书，27岁成为了时任首相埃兰德的秘书，并且深受首相赏识。1969年，帕尔梅当选为瑞典社会民主工人党主席，并在竞选中获胜，成为欧洲最年轻的首相，时年42岁。此后，他连选连任，领导了三届社会民主党政府。1982年，帕尔梅再次出任瑞典首相，并在1985年的大选中继续连任。帕尔梅不但是欧洲最年轻的首相，而且也是瑞典历史上执政时期较长的一位首相，他出任瑞典首相前后长达11年。在帕尔梅当政期间，瑞典的政局稳定，社会安宁，人民生活普遍水平很高，瑞典成为了世界公认的"福利国家"。再加上帕尔梅反对侵略和暴力，长期为世界和平事业奔走，因此也得到了世界上爱好和平人民的赞誉，在国内外都享有非常高的声望。

虽然贵为首相，但是帕尔梅却希望自己能够过普通人的生活，除了正式出访或特别重要

↑ 在帕尔梅遇刺身亡后，他遇刺的大街被改名为"奥洛夫·帕尔梅大街"

的国务活动外，他出门很少带随行人员和保卫人员。1986年2月28日晚，帕尔梅让随身保镖回家休息，自己带着夫人去位于市中心的格兰德影院看电影，当晚上映的影片是《莫扎特兄弟》。然而，电影结束后，当帕尔梅和夫人走出地铁准备步行回家时，悲剧发生了。当帕尔梅和夫人走到斯维亚大街的一个路口时，突然从后面窜出一名陌生男子，在距离很近的地方朝着帕尔梅连开两枪，然后就迅速消失在了夜色中。帕尔梅中枪后倒地，虽然很快被送到了医院，可惜子弹从他的背部射入胸腔，切断了一根大动脉，造成失血过多，最终抢救无效。帕尔梅首相于3月1日凌晨离开了人世，享年59岁。

当帕尔梅遇刺身亡的噩耗传出，举世震惊，瑞典民众更是沉浸在巨大的悲痛之中。人们纷纷从四面八方赶来悼念这位和平战士，

↑ 得知帕尔梅遇刺身亡的噩耗后，瑞典人民自发地组织活动悼念他

纪念活动持续了半个多月。举行葬礼的当天，更是有132个国家和国际组织派出了代表参加。为了永远纪念这位杰出的首相，他遇难的那条街也被以他的名字命名为"奥洛夫·帕尔梅大街"。

自从1814年以后，瑞典就再没有卷入过任何战争，可称得上是和平之邦，瑞典的民众非常珍惜这来之不易的和平并以此为荣。那么，到底是谁残忍地杀害了这位曾经为了人类和平事业而奔走的使者呢？

帕尔梅首相遇刺身亡后，警方立即展开了全面调查，并且很快就有人向警方提供了重要的线索。案发时，一名出租车司机正好在现场附近,他看到了凶手提着还在冒烟的枪钻进了一辆大众牌"帕萨特"型蓝色轿车逃走了。还有一名女画家说,当时他在案发的大街上与一个匆匆奔跑的男人迎面相撞,那人很可能就是行凶后正在逃跑的凶手,而且她还凭着记忆画出了凶手的画像。根据这两条线索,警方很快检查了在瑞典注册的200辆大众牌"帕萨特"型蓝色轿车,并拘押了30余人,但并没有发现与画家所画肖像相似的嫌疑者。

由于事件发生得太突然、太迅速,首相夫人在惊慌中并没有看清凶手的脸。警方在现场只找到了两发子弹,初步确认是直径9毫米的穿甲子弹。警方在瑞典库存的500多种子弹中,没有找到这一型号的子弹。于是,瑞典警方将这两颗子弹送往联邦德国警察总部和美国联邦调查局进行了技术检查。经技术鉴定发现,这种子弹杀伤力非常强,能穿透防弹衣。因此,瑞典警方认为凶手可能是外国人。那么,到底凶手会是什么人呢?

瑞典首都斯德哥尔摩

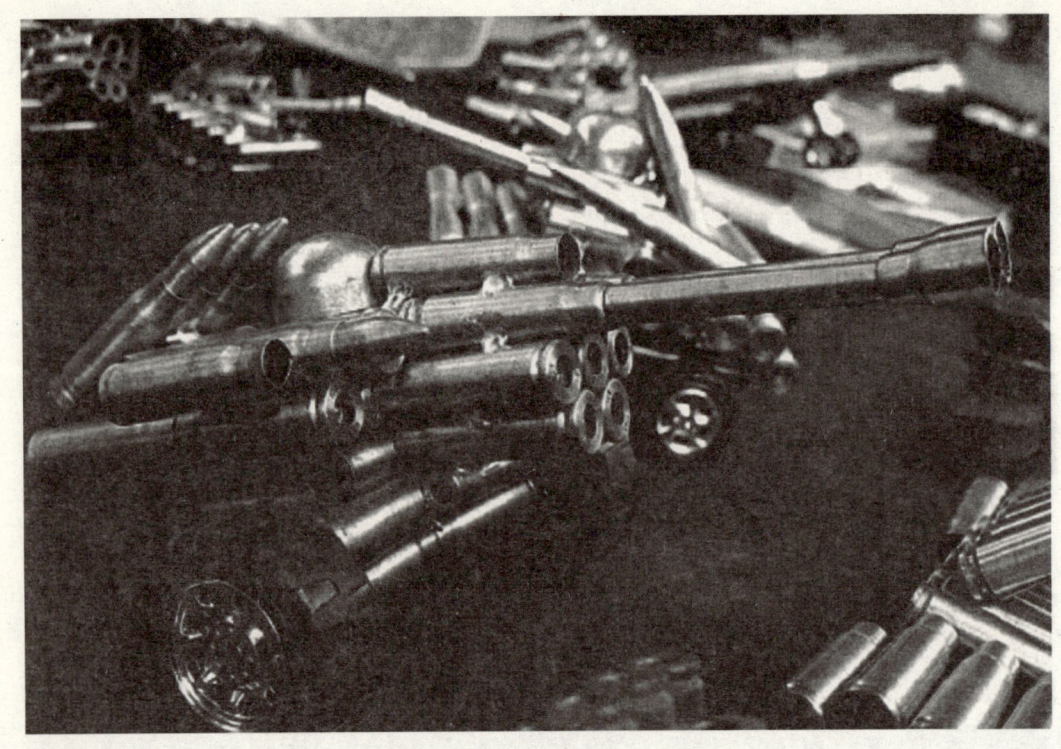

↑ 有人猜测帕尔梅首相的死可能和限制军火交易有关

　　一些人认为可能是克罗地亚分裂分子策划了谋杀帕尔梅的行动。因为1971年，瑞典外交家弗拉基米尔－罗洛维克，就是被一名克罗地亚人暗杀的，可惜警方并没有找到证据证明帕尔梅首相的死和这个组织有关。也有人认为是恐怖组织所为，但是警方分析和调查了十几个国际恐怖组织，仍然没有找到什么线索。

　　案发后不久，有人打匿名电话给新闻机构，说刺杀首相的行动是和联邦德国"红军派"有联系的霍尔格·迈尔斯突击队和克拉尔突击队策划的。还有一些人则推测库尔德工人党和首相的死有关，但是这些说法都缺少确切的证据证明。

　　也有人猜测帕尔梅首相的死可能和他限制军火交易有关系。瑞典是个军火出口大国，但是帕尔梅却对军火出口做了严格的规定，其中一条规定就是军火商不能将军火出售给正在交战的任何一方。而在两伊战争打响的时候，瑞典最大的军火公司——博福斯公司曾经向其中一方出售过激光制导地对空导弹。就在帕尔梅首相遇刺的前一周，博福斯公司的执行董事被迫辞职。于是，人们纷纷猜测，帕尔梅的死可能是遭到了军火商的报复。

还有一些人则说真正的幕后凶手可能是瑞典情报组织，因为帕尔梅生前曾经对情报组织做过许多限制，情报组织暗杀帕尔梅是出于报复。一名私家侦探从英国军情六处的档案室里找到了一份驻扎在大马士革的库尔德工人党在1985年8月的会议记录，上面清楚记载着库尔德工人党收到了伊朗秘密情报机构关于刺杀帕尔梅的密令。伊朗下达这样的密令就是为了报复帕尔梅对于向伊朗出口军火的阻碍。与此同时，一些资料还表明瑞典情报机构在帕尔梅遇刺前就得知伊朗给库尔德工人党下达的这项密令，但是却没有采取任何行动来加强对帕尔梅的保护。但是政府出面表示，并不是情报机构有心杀害首相，而是有关部门玩忽职守，没有对这一消息引起足够的重视。为了给民众一个交代，政府在情报机构内进行了大彻查，将一些涉嫌渎职罪的右翼分子革职查办。

1988年7月30日，瑞典报纸透露，杀害帕尔梅的凶手可能是土耳其侨民埃尔多安·萨勒卡亚，他是土耳其被取缔的库尔德斯坦工人党党员，现年31岁。又过了10年后，即1998年，土耳其工人党的一名主要领导成员声称刺杀帕尔梅首相是土耳其工人党领导人奥贾兰指使，他是为了报复和警告那些将土耳其工人党视为"恐怖组织"的欧洲国家，其中也包括瑞典。

为了捉拿凶手，瑞典政府曾经重金悬赏提供线索者。随着时间的推移，赏金也由最初的50万克郎提高到500

万克郎，最后再到 5000 万克郎，约合 850 万美元，而且还特别说明拿到这笔钱的人不必交纳税金。遗憾的是，依然没有人能提供有关凶手的线索。因此，直到现在，杀害帕尔梅首相的凶手依然逍遥法外，而首相遇害的真实原因也无从得知。帕尔梅首相遇刺案，也就成为了瑞典历史上最大的悬案和谜案。

瑞　典

瑞典王国位于北欧斯堪的纳维亚半岛东南部，面积约 45 万平方千米，人口约 918.3 万。瑞典是民族成分比较单纯的国家，90% 为日耳曼族瑞典人，还有部分芬兰人，官方语言为瑞典语。首都斯德哥尔摩是全国的政治、文化、经济和交通中心，同时也是瑞典第一大城市，享有"北方威尼斯"的美誉。1901 年，第一届诺贝尔奖颁奖礼在瑞典斯德哥尔摩皇家音乐学院举行。在第一次世界大战和第二次世界大战中瑞典都维持中立，1995 年放弃中立主义，加入欧盟。瑞典实行君主立宪制，国王是国家元首和武装部队统帅，作为国家象征仅履行代表性或礼仪性职责。瑞典具有完善的福利保障制度，是世界上著名的高福利国家之一。瑞典拥有很多国际知名的品牌，例如沃尔沃汽车、萨博汽车和爱立信通信、伊莱克斯电器、ABB、哈苏相机、宜家家居和 H&M 服装等等。如果按人口比例计算，瑞典是世界上拥有跨国公司最多的国家。

历 史 名 人 篇

- 嵇康之死
- 郑成功猝死之谜
- 拿破仑死亡之谜
- 林则徐的死亡之谜
- 太监李莲英暴死之谜
- 希特勒生死之谜
- 加加林坠机身亡之谜
- 以色列总理拉宾遇刺之谜

嵇康之死

观点：公元 262 年，一代名士嵇康因为参与了吕安一案，被冠以"不孝者同党"的罪名被斩杀，但是他的真正死因却成为了一个谜。有人说嵇康是被钟会害死的；也有人说是嵇康得罪了司马氏政权，所以惹祸上身；还有人则说嵇康的死是因为他的一些思想和言论。

嵇康，字叔夜，弱冠之年便隐居竹林，是"竹林七贤"之一，在魏晋时期的风流名士中间，嵇康无疑是最具影响力的一位。他是个令人嫉妒的天才作家，除此之外，还能工草书，善丹青。最具魅力的当数他在音律方面的深厚造诣。他创作的"嵇氏四弄"——《长清》、《短清》、《长侧》、《短侧》与蔡邕创作的"蔡氏五弄"合称"九弄"，是一组著名琴曲，当年还被隋炀帝作为取士的条件之一。嵇康以弹奏《广陵散》而闻名于世，而《广陵散》除嵇康之外，也无人会弹，从而成为绝响曲目。公元 262 年，嵇康和吕安被押到洛阳东市斩首，嵇康时年四十岁，他的罪名是"不孝者的同党"。但事实上，嵇康真正的死因，却成为了历史之谜。

嵇康与吕安吕巽兄弟都是挚友。吕安的妻子容貌娇美，而且温柔贤惠。有一天趁吕安外出时，吕巽便用酒将他妻子灌醉，并将其奸污。吕安原本打算报官，但是吕巽由于害怕坐牢便请嵇康从中调停，并且发誓说不会恶人先告状。于是，在嵇康的劝说下，吕安决定就此作罢。没想到，吕

○ 嵇康

↑ 嵇康、阮籍、山涛、向秀、刘伶、王戎及阮咸七人因常常聚在竹林之下肆意酣畅，因此被世人称为竹林七贤

巽害怕吕安反悔便抢先诬告吕安虐待母亲。由于在当时提倡"以孝治天下"，所以不孝是大罪，于是吕安便被抓了起来。嵇康知道真相后，愤然而起，写下了《与吕长悌绝交书》，并且出面为吕安作证。因此，嵇康也被打入死牢，罪名是"不孝者的同党"。

嵇康入狱后，立刻激起舆论的不满，许多豪杰纷纷要求与嵇康一同入狱，并且还将能与嵇康一同入狱当做是荣幸的事情。据说此事也震惊了司马昭，他没想到嵇康入狱会引起如此大的反响。不过，他并未因此赦免嵇康，而是将嵇康和吕安都判了死刑。据说，在行刑那天，曾经有三千名太学生集体请愿，请求赦免嵇康，并要求让嵇康来太学做老师。但是，这些并没有帮助嵇康逃脱一死，反而让司马昭更坚定了杀嵇康之心。就这样，一代名士就在仓促间因为一个莫须有的罪名而被杀了。据说临刑前，嵇康神色毫未改变，而且还向兄长要来了平时所用的琴,在刑场上弹奏了一曲《广陵散》。曲毕,嵇康叹息道:"《广陵散》于今绝矣!"

嵇康死了,虽说罪名是"不孝者的同党",但是人们却认为这其中还有一些疑点。吕安是否虐待自己的母亲,只要向其母亲求证即可,但却是匆忙间便定罪。嵇康只是作为一个调停人,没有做违法之事,为何也会被一起判了死刑,这其中一定有一些不为人知的原因。

一些人认为,嵇康的死是钟会在背后起了推波助澜的作用,目的是要报当年嵇康怠慢他的仇。据说当年隐居竹林时,时任司隶校尉的钟会想结交嵇康,于是便率众去了嵇康那里。当时,嵇康与向秀在树荫下锻铁,对于钟会的到来并未理睬。于是,在等候了一段时间后,钟会便准备离开。这时,嵇康开口问:"何所闻而来,何所见而去?"钟会回答:"闻所闻而来,见所见而去。"从此以后,钟会便对嵇康心生怨恨,并一直找机会报复。所以,当嵇康入狱后,钟会便立刻劝司马昭杀掉嵇康,他说嵇康是司马昭得到天下的威胁和障碍。所以在他的怂恿下,嵇康便因为吕安一案被问斩了。

还有人认为嵇康之所以被杀,是因为他是曹氏集团的人,所以被司马昭不容。嵇康成年后娶了长乐亭主为妻,成了曹氏的女婿。司马氏的政权是用诡计从曹氏手

司马昭

中夺来的，所以司马昭始终是有所忌惮。再加上司马昭曾想聘嵇康为自己的掾吏，但是嵇康却不愿出仕，而且还离家躲避到河东，这似乎也表明了他对当政者的不满与不屑。他的好友山涛曾经推荐他做官，本是一番好意，但是嵇康非但不领情，反而写了一篇《与山巨源绝交书》，这封绝交书无疑是一篇与当权者决裂的宣言。嵇康作为名士，在文人墨客中能一呼百应，所以既然不能拉拢，便只能除之后快了。因此，司马昭便借吕安一案解除了日后的威胁。

还有一些人则认为嵇康之所以被杀，是因为他恃才自傲，不肯从政，并且还导致了很大一批文人名士产生了隐居的想法，所以司马昭杀他是为了"杀一儆百"。嵇康是当时文人阶层中最好的代表，而以他为首的一批人则厌倦了战乱，欲归隐山林，这便造

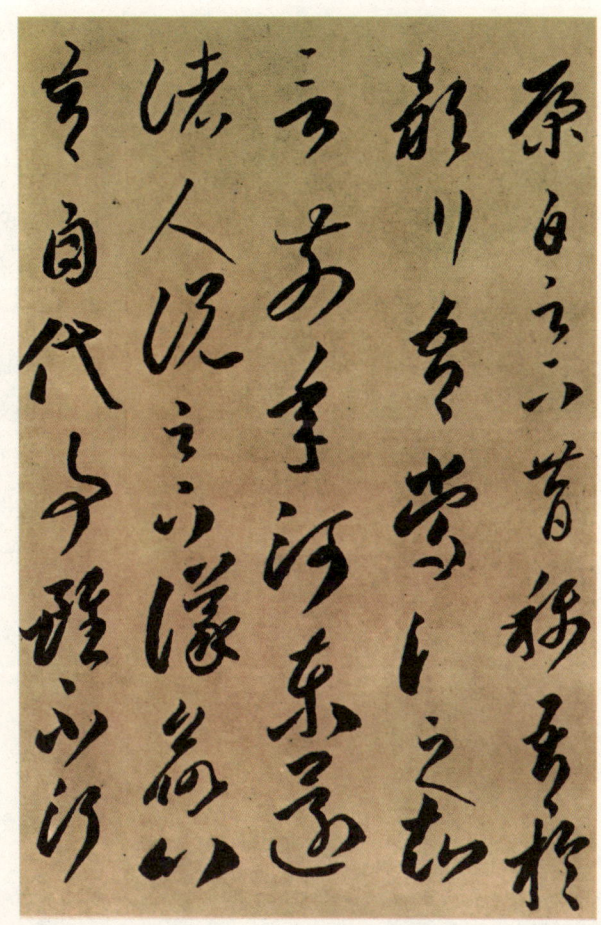

● 《嵇康与山巨源绝交书》

成了很大的人才流失。司马政权初期正是需要人才的时候，而嵇康等归隐的做法更是激起了司马昭的不满。于是在初期的怀柔政策不起作用的情况下，便决定牺牲嵇康，以此达到"杀一儆百"的作用，从而让更多的文人步入仕途。事实上，司马昭的这一政策确实起到了一定的效果。在嵇康死后，敢与司马氏对抗的士林集团也逐渐瓦解，有不少文人纷纷入仕，做了官。这样一来，不但解决了人才流失的问题，而且还避免了一些对自己政权攻击的言论。据说，十八年后，嵇康的儿子嵇绍也在山涛的举荐下入朝为官，

↑ 唐末画家孙位所画《高逸图》中的山涛

后来还成为了晋朝的忠臣。

不过，还有人认为嵇康的死是因为他"越名教而任自然，非汤武而薄周孔"的思想言论。意思是他看不起商汤王、周武王、周公和孔子，以此来借古讽今，直指以周公自居的司马昭和被统治者当做幌子的虚伪礼教。所以他惹怒了权贵，必死无疑。

嵇康的死，可以说是历史上的一大谜案，也是文史上的一大损失。一代名士虽然悲壮地结束了自己的生命，但是他高大的风骨和人格却像那首千古绝响《广陵散》一样，成为了千古流传的佳话。

竹林七贤

魏晋时期，嵇康、阮籍、山涛、向秀、刘伶、王戎及阮咸七人因常常聚在竹林之下肆意酣畅，因此被世人称为竹林七贤。当时社会处于动荡时期，司马氏和曹氏争夺政权的斗争异常激烈。文士们不仅无法施展才华，而且还时有性命之忧，因此他们崇尚老庄哲学，用清谈、饮酒等形式来排遣苦闷的心情，用一些象征的手法来隐晦地表达自己的思想。"竹林七贤"便是这一时期的文人代表。在竹林七贤中，阮籍、刘伶、嵇康对司马朝廷采取不合作态度，嵇康被杀。向秀在嵇康死后被迫入仕，阮咸虽入仕但不被重用，王戎功名心最盛，曾历仕晋武帝和晋惠帝两朝，山涛入仕后，成为了司马氏政权的高官。最后，竹林七贤分崩离析。

郑成功猝死之谜

观点：公元1662年6月23日，郑成功在台湾突然暴病身亡，年仅38岁，而他的死也成为了一个谜。有人说他是被气死的，有人说他是被人下毒害死的。

郑成功，福建南安人，明隆武帝曾赐姓朱，名成功，因此又被人称为"国姓爷"。他骁勇善战，公元1662年，在收复台湾的战事中一举打败荷兰军队，并将荷兰侵略者赶出了台湾，成功地收复了台湾。然而，就在他收复台湾后不久便突然暴病身亡，年仅38岁。

⬇ 鼓浪屿风景名胜区的郑成功石雕像

据说，郑成功临死前突然发狂地喊叫道："吾有何面目见先帝于地下也？"既而用两手抓面而逝。

郑成功的父亲郑芝龙曾被南明永历皇帝封为南安伯，负责福建全省的抗清军务。后来，郑芝龙、郑鸿逵兄弟在福州奉明唐王朱聿键为帝，年号隆武，郑芝龙被册封为南安侯，负责南明所有军事事务。清军进军福建之时，郑芝龙降清，隆武政权也随之灭亡，而郑成功则单独到了南澳岛，召募了几千人马，坚决抗清。清王朝几次三番派人诱降，都被他拒绝了。后来，在郑成功攻打南京城时，因为中计后败退到了厦门。郑成功回到厦门后，便开始筹划攻占台湾，想以此作为反清复明的根据地。恰在此时，郑成功得到了一张绘有荷兰军事力量布置的台湾地图。于是，公元1661年郑成功准备攻打台湾。他派自己的儿子郑经带领一部分军队留守厦门，自己亲率两万多名将士，分乘几百艘战船，浩浩荡荡从金门出发。荷兰侵略军为阻止郑成功军队进攻台湾，将军队集中在台湾和赤嵌两座城堡，并在港口沉船，以此阻挡郑成功的船队登岸。郑成功在一名翻译的领航下，利用海水涨潮的时机，登上台湾岛。经过激战，荷兰侵略军惨败，他们一面搬救兵，一面向郑成功求和。但是郑成功断然拒绝了荷兰侵略者的求和要求，并且以切断水源的方式围困他们。终于在围困

🔸 郑成功墓址纪念碑

八个月后,郑成功下令强攻台湾城,荷兰侵略军被迫投降并撤出了台湾。

郑成功在收复台湾的同时,也得到了父亲的死讯。他父亲被家奴伊大器告发,称郑芝龙和郑成功之间不时有书信往来,图谋不轨,所以清廷一怒之下便将郑芝龙全家处死。郑成功听到消息后,捶胸顿足,望北恸哭。不久郑成功又得知,在家乡的郑氏祖坟被叛将黄梧挖了,郑成功更是悲伤痛哭了很久。

公元1662年4月,南明兵部司务林英削发为僧,从云南逃到台湾见郑成功。从他嘴里得知,皇上听信了奸臣的话去缅甸避难,而吴三桂攻打缅甸的时候,缅王又将皇上献给了吴三桂,而且听说已经被吴三桂杀害了。得知这些,郑成功更是痛哭不已。谁知不久之后,他的儿子郑经又被人告发与乳母通奸,郑成功顿时气塞胸膛,立刻派人到厦门,欲斩郑经与其所生婴儿及乳母陈氏,但留守厦门的众将没有执行命令。郑成功天天登高眺望澎湖方向是否有船来,因而患上风寒。到了第八天,突然发狂地喊叫道:"吾有何面目见先帝于地下也?"既而用两手抓面而逝。所以,有人说郑成功是被气死的。

↑ 南安郑成功纪念馆"镇馆之宝"郑成功夫妇像

郑成功正值壮年,却突然暴病而亡,因为他死前的一些症状与中毒后毒性发作的症状极为相似,再加上当时郑氏集团内部斗争的背景,所以有人认为郑成功是被人投毒杀死的。

有人认为是清政府下毒杀害了郑成功。《台湾外志》记述说,当时清政府曾经派人携带一枝孔雀胆混入郑军,用重金买通专为郑成功做饭的厨师,让他将孔雀胆混入郑成功的饭菜中。这个厨师害怕事情暴露,便把这件事交给了他弟弟办理。而他弟弟同样不敢下毒,最后还把下毒的事情告诉了他们的父亲。他们的父亲不但狠狠怒斥了

↑ 台北故宫博物院曾展出修复后的17世纪《郑成功画像》

↑ 郑成功纪念馆

兄弟俩，还带他们到郑成功住处自首。郑成功非但没有处罚他们，而且还重赏了他们。虽然此次暗杀没有成功，但是很难说清政府不会派人再次找机会下毒。

郑成功的部将马信神秘地死去似乎也证明了郑成功的死有可疑之处。马信是清降将，后来成为郑成功的亲信。郑成功去世当天，是由他推荐的医师开的处方。郑成功死后不久，马信也无缘无故地死了。因此，有人认为马信可能参与了谋害郑成功的行动，但后来又被人灭了口。

虽然，对于郑成功的死清政府有重大的嫌疑，但同时，郑泰也有着巨大的嫌疑。郑成功生性暴烈，用法十分严峻，他的许多部下，甚至一些长辈亲族都曾被他处以极刑，于是很多人在清廷高官厚禄的诱惑下叛逃，并且很多人被收买去刺杀郑成功，从而导致郑氏集团内部的关系极其紧张。郑泰和郑成功的矛盾早在攻打台湾时就已经产生了。当时，郑泰为运粮官，郑成功因为军队补给出现困难，对郑泰的失职极为不满，而且还说如果出了乱子要处分郑泰。郑泰长期操纵郑氏集团的东西洋贸易，掌握财政大权，当年郑成功要出兵收复台湾时他就极力反对，而收复台湾的初期，当郑氏政权财政出现困境时，郑泰却偷偷在日本存了30多万两白银。除此之外，郑泰很有可能还和当时的清廷有所合作，他们在郑成功感冒时在他的酒里下毒，最后又在医生所开的药方中下毒，最终将郑成功毒死。等到郑成功去世，郑泰等人迫不及待地伪造郑成功的遗命来诛讨郑经，并抬出有野心但无才干的郑袭来承兄续统。最后，阴谋被郑经挫败，郑泰入狱而死。因此，郑成功的死很可能与郑泰等人有关。

遗憾的是，当年郑成功死后，由于郑经既要忙着平息叛乱，又要追讨郑泰存在日本的几十万两银子，所以对于郑成功的死就没有继续追查下去。因此，郑成功的死因到现在还无法确定。

台 湾

台湾位于中国大陆东南沿海的大陆架上，东临太平洋，东北邻琉球群岛，南界巴士海峡，西隔台湾海峡与福建相望，最窄处为130公里，是太平洋地区各国海上联系的重要交通枢纽。面积3.6万平方公里，台湾处于太平洋火山地震带上，又有喀斯特地貌与海蚀地貌，所以多山水胜景、火山群与温泉群，有丰富的水力、森林、渔业资源。名胜有日月潭、阿里山、阳明山、北投温泉、台南赤嵌楼、北港妈祖庙等。

拿破仑死亡之谜

观点：1821年的5月，拿破仑在圣赫勒拿岛逝世，官方的结论是拿破仑死于胃癌并发症，然而人们却普遍不相信这个说法。

拿破仑·波拿巴

1815年，在滑铁卢战役失败后，不可一世的拿破仑被流放于南大西洋的圣赫勒拿岛。六年之后，即1821年的5月，传出了52岁的拿破仑死于该岛的消息。当时尸体解剖和临床症状结论是，拿破仑死于胃癌并发症。然而，很多人都不相信拿破仑死于胃癌的官方说法，并且开始从各个方面探究拿破仑死亡的真正原因。

1961年的时候，有人在拿破仑的头发中检测出了大量砒霜，专家由此认为拿破仑可能死于砒霜中毒。上个世纪50年代，瑞典一名专家在无意中发现了一本当年随拿破仑一起流放到圣赫勒拿岛的一名仆人所写的日记。日记中写道，拿破仑去世前"经常失眠，腿部肿胀无力，掉头发，总是觉得口渴"。这位专家同时也是一名毒药专家，他在对日记进行仔细研究后发现，日记中所记载的拿破仑去世前的症状都和人服食砒霜后的病症相似。随后，他便展开了对这一发现的验证。后来，当他得知只需用一根头发就能分析出砒霜含量的消

↑ 拿破仑跨越阿尔卑斯山的画像

息后，就专程去了巴黎，向拿破仑侍从的后裔索取拿破仑的头发。经过数年的努力和研究，他发现拿破仑头发中的含砷量比正常人头发的含量高出 40 多倍，而砷正是合成砒霜的化学元素。后来，美国联邦调查局和法国巴斯德大学又对拿破仑的一根头发进行了分析，结果也发现了很高的含砷量，这一结果似乎再次证实了拿破仑并非病故，而是死于砒霜中毒的说法。但是也有专家对此说法表示了怀疑，据历史记载，拿破仑是个非常谨慎的人，他时刻都保持着高度的戒备心理。即使在去圣赫勒拿岛的船上，遇到自己喜欢的食品，他也会要让身边的人试吃后自己才吃。既然拿破仑处处谨慎，又怎么会轻易中毒呢？

  一些人认为拿破仑是被他的将军德蒙托隆下毒害死的。当年德蒙托隆随拿破仑一起流放圣赫勒拿岛，而且还带上了他的妻子。但他没想到拿破仑却爱上了他的妻子，而且他们还生了一个女儿。最后，拿破仑还下令让他的妻子带着孩子离开了圣赫勒拿岛，于是德蒙托隆便萌发了杀掉拿破仑的想法。再加上当时德蒙托隆欠下了很多债务，当他得知拿破仑在遗嘱中已经答应给他 200 万法郎金币的遗产时，便更加迫切希望拿破仑死了。如果直接杀掉拿破仑的话，那他肯定难逃罪责，于是他便想出了投毒的方法，每次在拿破仑的饮食里放很小剂量的砒霜。这样既可以让拿破仑中毒，又可以为自己逃脱罪责。在拿破仑死后 20 年，人们将他的遗骸运回巴黎安葬时，在棺材里，拿破仑的衣服都已经腐朽成了碎片，但是尸体却完好无损，而这就是砷中毒的最好证明。

  虽然在拿破仑的头发中发现了较高的砷含量，从而说明拿破仑死于砒霜中毒，但是这个结论，仍然不能让所有人信服。

  一位美国的病理学家在研究了拿破仑生前的病历后，又提出了新观点，认为拿破仑死于胃癌。病历中记载说，拿破仑死前上腹部剧痛难忍，打嗝呼出的气味非常难闻，还有慢性神经衰弱和厌食迹象。此外，拿破仑患有慢性泌尿系统疾病，夜里常咳嗽，并出冷汗。这些症状都很像胃癌病人的症状。这位专家还表示，报告中还用医疗术语暗示，医生在拿破仑体内发现了一个胃瘤，这就是胃癌最有力的证据。研究还发现拿破仑的癌细胞已扩展至全身其他器官，属于癌症晚期，即使在今天的医学条件下，他也活不过一年。况且，拿破仑的家族有癌症病史，他的父亲就是死于癌症，而拿破仑在生前也曾认为自己很有可能会患癌症。但是一些专家认为此说法也有待于考证，因为胃癌患者后期都会消瘦，但是，拿破仑死时非但没有消瘦，反而有一些微微的发胖。

在拿破仑死后20年，他的遗骸被迎回巴黎安葬

↑ 位于法国巴黎的拿破仑陵寝

还有一些人认为,拿破仑的死可能和他卧室里所贴的墙纸有关。一些研究人员在拿破仑所住的卧室里发现了一种特殊的墙纸。这张墙纸不到1米长,其成分中有一种绿色涂剂,富含高浓度砒霜。岛上气候非常潮湿,含有砒霜的墙纸受潮后就会蒸发出含有高浓度的剧毒砷化物的水汽,使整个卧室空气受到污染。拿破仑因长期呼吸这种有毒物质,导致慢性中毒死亡。即使拿破仑真的死于胃癌,这种有毒墙纸也是加速了他死亡的原因。

还有人认为拿破仑死于一名庸医的误诊。根据记载,拿破仑生前曾经出现胃部不适及肠痉挛等症状,而他的医生天天用灌肠的方法为他缓解症状。这位医生在治疗的时候使用了非常不卫生的、像大注射器一类的器械,把通常用来引发呕吐的酒石酸氧锑钾注入拿破仑口中。因此拿破仑经常呕吐,导致了他体液中的钾离子大量丢失,出现水电解质平衡紊乱,最终引起心律失常而亡。在拿破仑去世的前两天,医生还为他开过一剂泻药,其中含有600毫克的氯化汞,是正常剂量的5倍。这一剂药导致拿破仑体内的钾进一步缺乏,诱发了脑溢血或心肌梗塞。

甚至还有一些人认为,当年在圣赫勒拿岛上死去的根本不是拿破仑本人,而是他的替身。根据记载,拿破仑有四个替身,他们的分工各不相同,其中一个死在了战场上,一个在滑铁卢战役前就被人毒死了,第三个从马上摔下变成了瘸子后就下落不明,而第四个替身就是被人们发现死于圣赫拿岛的"拿破仑"。当人们在为拿破仑的死亡而疑惑时,真正的拿破仑已逃离了该岛,并且隐姓埋名,生活在意大利的某一个地方。

不管这些猜测是真是假,也不管今后是否还会有更多的猜测,都无法改变拿破仑一生的传奇色彩。生前,他是叱咤战场,指挥千军万马的风云人物;死后,他仍然是人们不断探究的谜。

滑铁卢

滑铁卢是比利时首都布鲁塞尔南郊18公里处的一个小镇。1815年,拿破仑率领法军与以英国人威灵顿公爵为统帅的欧洲联军在这里展开激战,最后法军惨败。在距滑铁卢城镇以南2.5公里的地方就是著名的滑铁卢古战场,位于古战场偏南的地方有一座金字塔式的小土山,既是古战场的标志,也是观景台,站在山顶的平台上可以纵览滑铁卢战场的全局。在世界战争史上,滑铁卢之战以战线短、时间短、影响大、结局意外而著称,它彻底结束了拿破仑的军事生涯和政治生命。"滑铁卢"三个字也从此成为"失败"的代名词而流传下来,并在全世界广泛使用。在滑铁卢镇上,还有一座威灵顿纪念馆,不过很多前去参观的人只知有拿破仑·波拿巴,不知有威灵顿。

林则徐的死亡之谜

观点：1850年11月22日，林则徐在赴广西的途中病逝。关于他的死，人们说法不一，有人说他是被人在食物里下了药毒死的，也有人说他是因为年老体弱、疾病缠身猝死的。

● 澳门林则徐纪念馆内的林则徐像

1850年，林则徐被任命为钦差大臣赴广西督办军务，然而在路过广东普宁时竟一病不起，最后离开人世。他患病期间疑点重重，而且在临死前留下了三个难懂的字，给后人留下了一桩蹊跷的历史谜案，让人猜测不已。

林则徐是福建侯官人，1811年中了进士，被召入翰林院，从此开始了仕途生涯。在他的仕途中曾官至一品，担任过江苏巡抚、两广总督、湖广总督、陕甘总督和云贵总督，并且两次受命为钦差大臣。1837年，林则徐升任为湖广总督，当时关于是否禁止鸦片的问题已经逐渐成为朝堂上争论的问题。当时，林则徐坚决支持禁烟，他向朝廷上奏力陈禁烟的重要性和方略，并且在自己管辖范围内厉行禁烟，同时收缴烟膏、烟土和烟具，还找人专门配制了戒烟的药丸。林则徐的禁烟策略成效卓著，道光帝接受了他的禁烟主张，并且特命他为钦差大臣赴广东查办禁烟。1839年，林则徐抵达广州，随后便开始了轰轰烈烈的禁烟运动。通过和洋商以及鸦片贩子的斗争，林则徐收缴鸦

↑ 鸦片战争博物馆是当年鸦片战争的古战场所在地

片近2万箱,约237万余斤,并且在虎门海滩上将这些鸦片当众销毁,这就是举世震惊的"虎门销烟"。

1840年英国发动了鸦片战争,清政府兵败议和,林则徐遭人诬陷被罢职并被发配到伊犁充军。咸丰元年,天地会在广西的反清活动蔓延开来了,形势危急之下,咸丰帝决定启用林则徐,任命他为钦差大臣赴广西督办军务。

咸丰元年11月,65岁的林则徐带着儿子林聪彝和亲信幕僚刘存仁,离开了家乡福建,直奔广西。当他们路经广东普宁时,林则徐突然发病,而且病情越来越重。刘存仁差人从潮州请来了名医连夜为林则徐切脉诊病。3天后,林则徐的病情果然有了起色。当他一觉醒来时,感觉饥饿,儿子林聪彝便叫人到厨房传饭。因为觉得父亲已经有所好转,于是林聪彝吩咐完下人后便回屋休息了。没想到吃完饭的当晚,林则徐就开始腹泻不止,最后又卧床不起了。到第四天,也就是1850年11月22日,便离开了人世。因为林则徐死得有些突然,所以在他死后,曾有人劝林聪彝追查此事的真相。但是依照清朝法律,凡是被毒死者必须开棺验尸,

◆ 1839年,林则徐将收缴的约237万余斤的鸦片在虎门的海滩上当众销毁

林则徐的家人不忍心在他死后还要被折腾，便决定不再追究此事。

由于林则徐的死有些突然，而且还有一些蹊跷，虽然他的家人不再追究，但是人们却忍不住纷纷猜测。

有人说林则徐是被人在粥里下了药害死的，幕后的凶手正是那些洋行的商人。根据林则徐的儿子林聪彝回忆说，他父亲在临死前曾经用手指指着东南的方向大呼了几声："星斗南……"。"星斗南"是福建的方言，音同"新豆栏"三字。当时广州十三洋行所在地和洋商聚居的地方正是"新豆栏街"。那么，林则徐死前所说的"星斗南"，可以推断，意思就是广州"新豆栏"的洋商害死了自己。当年林则徐禁烟的时候，曾经惩办过不少十三洋行的鸦片贩子，而且还查抄了一些人的家财，所以他们既痛恨林则徐，又害怕他再去广州，断了他们的财路，于是便决定一不做二不休除掉他。于是他们买通了一名厨子，在林则徐的粥里下了药。据说，在林则徐死之前，有人在广州一家酒店里看见十三洋行总头目手下的一名亲信，用银子收买了一名叫做郑发的厨子。郑发正是林则徐在广州禁烟时，行辕里曾雇佣过的厨子。郑发被收买后，在林则徐所喝的粥里下了大量的巴豆，导致了林则徐腹泻不止，最后死亡。据说当

海战博物馆内的《虎门海战》半景画

时郑发做好之后，亲自将粥端给林则徐食用。林则徐无意中瞥了一下正躬身退下的厨子，觉得很面熟，但一时又想不起来是谁，于是一边想，一边喝粥。后来想起那个厨子正是他在广州禁烟时，为自己做饭的厨子，后来又去了十三洋行给洋人做饭。林则徐急忙令人传唤郑发，但郑发早已逃之夭夭了。虽然这种说法被很多人认可，但是一些史学家研究了很多关于林则徐病逝前后的史料记载，也没有找到任何有关林则徐曾经中毒的证据。

◆ 林则徐故居庭院

↑ 林则徐纪念馆

不过，也有人认为林则徐并非死于中毒，而是因为他本来身体就不好，再加上星夜兼程，最终一病不起。林则徐当时身为钦差大臣，警卫必定十分森严，一般人要想混进他们的队伍中，特别是要负责饮食，那就更难了。况且当时林则徐是要去广西镇压反清活动，根本不会对身在广州的洋商们造成威胁，他们也没必要冒着危险去谋害林则徐。更何况，当时的林则徐已经是一个60多岁的老人了。所以被洋商下毒的说法应该不成立。事实上，在林则徐被任命为钦差大臣之前已经身患疾病,再加上急着赶路,中途又吃了不干净的食物引起了急性吐泄,最后才会脱水致死。所以林则徐是病死,而不是被人下毒害死的。不过这种说法也同样缺乏有力的证据。

如今,距离林则徐的死已经过去 100 多年了,但是关于他的死,仍然是让人疑惑不解的悬案。到底他是病发身亡,还是被人暗中下毒?或者另有隐情?但是人们始终不会忘记他是中华民族在抵御外辱过程中伟大的民族英雄,尤其是他"虎门销烟"的壮举更是会被历史记住。

鸦片战争

1840年6月~1842年8月,英国为了开辟殖民地市场,掠夺更多的廉价原料,发动了第一次侵华战争。由于这次战争是英殖民主义强行向中国倾销走私鸦片引起的,所以历史上叫做鸦片战争。战争以清政府的失败告终,不但赔偿了巨款,还签订了《南京条约》、《望厦条约》、《黄埔条约》等一系列丧权辱国的不平等条约。在这次战争中,香港岛也被割让给了英国。第一次鸦片战争使中国社会开始由封建社会沦为半封建半殖民地社会。第一次鸦片战争后,西方资本主义列强不满足在中国取得的利益和特权,蓄意谋取更多的主权和利益。于是1856年10月—1860年10月,英、法两国在俄、美支持下联合发动了第二次鸦片战争。通过这次战争,中国损失了更多的主权和领土,并且同样签署了一系列不平等条约。通过两次鸦片战争,中国逐步沦为半封建半殖民地社会。

太监李莲英暴死之谜

观点：李莲英是清朝权势最大，官品最高，财富最多的太监，他的财富到底有多少是个谜，就连他的死也是一个谜。有人说他是寿终正寝，有人说他是被仇人暗杀的，也有人说他是被贪财之徒图财害命的，还有人则说他是被革命党人暗杀的。

根据清宫档案记载，李莲英出生于直隶河间府，在他13岁的时候由郑亲王端华府送进皇宫当了太监，据说他的名字也是进宫后由慈禧太后赏赐的。李莲英因为聪明乖巧，善于揣摩主子的脾气和爱好，所以进宫后由一个小太监最后升任为总管大太监。在同治和光绪两朝中一直任太监总管，并且没有被任何一位太监取代过。虽然一直未能当上敬事房大总管，但是李莲英却深得慈禧太后的赏识和宠爱。雍正皇帝规定太监品级以四品为限，然而慈禧却为李莲英破了这项祖上传下来的规矩，特赏他二品顶戴花翎，这是太监中从未有过的殊荣。据说，李莲英因为深得慈禧的宠信，曾经权倾朝野，成为了能呼风唤雨的人，就连一些王公贵族都会想方设法讨好他。

自从被调入储秀宫，李莲英就从未离开过慈禧。虽然慈禧身边的人换了一茬又一茬，但是只有李莲英深得慈禧恩宠，并且与慈禧的感情十分深厚。1908年慈禧逝世，李莲英在参与料理了丧事之后，便离开他呆了50多年的皇宫。当时，主政的隆裕太后也特别恩准他带薪退休。1911年3月4日，李莲英去世，

◆ 李莲英

↑ 慈禧出行时的照片，图片最前方右边的太监便是李莲英

时年64岁。据说为了防止后人盗墓，在李莲英下葬的那天，北京的东、西、南、北四个郊区同时发丧出殡，目的就是为了混淆视听。据说，李莲英死时，清廷还特拨发了1000两白银，在北京恩济庄的太监墓地为他修造了一座豪华坟墓。

1966年，位于北京市海淀区恩济庄的李莲英的墓被人砸开。据说，那个墓是真正埋葬李莲英的地方。但是让人吃惊的是，除了数不清的金银珠宝之外，在棺材里面就只有一颗骷髅头颅和一条1米

颐和园内的永寿斋建于光绪年间,是李莲英在园内的住处,俗称"总管院"

来长的辫子,没有任何尸体残骸。从尸体下葬到坟墓被挖,只过去了50年,尸身不可能全部化为乌有。由此可以推断,当时下葬的时候,棺材里就只有一个头颅,也就是说李莲英死的时候是身首异处的。这一发现,让人们不禁开始怀疑李莲英暴死的真正原因。

根据史料记载,李莲英是因病而死的,但对他的病因却只字未提。就连李莲英的墓志铭上也并没有详细说明他的死因到底是什么。李莲英的后人声称,李莲英是因为得了急性痢疾,最后医治无效而病故的,从生病到死亡仅仅四天时间,属于善终。如果事实真是如此,那么,为什么在李莲英的棺材里只有头颅,而不见其余身体残骸呢?于是,人们纷纷开始猜测李莲英的真正死因。

有人说,一些贪财之徒为了图谋李莲英的钱财才害他的。据说

◐ 慈禧太后像

李莲英十分爱财并且贪财，是清朝最有权势，最富有的太监。他在他的一生中到底搜刮了多少钱财，没有人知道。据说在皇宫里，他就拥有三间大屋专门堆放着他的几百万两白银。后来，在他要离宫之前，因为害怕巨额财产会招来大祸，便全部捐给了朝廷。不过，虽然他将宫中的钱财全部捐给了朝廷，但是在宫外，他仍然有巨额的资产。于是，一些宫内外的贪财之徒便想将这些钱财占为己有，因此而起了杀心。所以就找了个机会，将李莲英暗杀了，而他的仆从只找到了一个头颅回去安葬。还有一种说法是，李莲英离宫后还怀念跟随慈禧时的风光日子，于是去遵化拜祭慈禧。因为他曾经是慈禧面前的大红人，甚至权倾朝野，再加上敛财，得罪了不少人。所以在他回京的路上，就被

◐ 在恩济庄李莲英墓中出土的他曾使用过的翠扳指

仇人杀死了，而且他的身体和头颅还被分别丢弃了。甚至有人说是光绪皇帝的弟弟醇亲王载沣，派人杀了李莲英，因为他认为是李莲英毒死了光绪皇帝。所以他为了给哥哥报仇，便找机会派人杀了李莲英。

也有人说，在李莲英的墓里只有一个头颅，并不是因为他横死，而是因为他太监的身份。虽然李莲英的亲人因为他的巨额钱财而过上了富足的生活，但是他们仍然认为家里出了个阉人，是有辱祖宗容颜的事情。所以，就在李莲英死后，将他的残缺之身舍弃了，只将他的头颅下葬了。

还有一些人说，李莲英是被革命党人暗杀的。根据李莲英的墓志铭记载，他死于1911年3月4日，而那正是辛亥革命爆发的前夕。当李莲英离开皇宫的时候，清王朝已经危在旦夕了。随后，全国各地的武装起义不断涌现，为了彻底摧毁封建统治，并且打击封建势力，李莲英便成为了革命党人暗杀的对象，因为李莲英曾经在慈禧太后和光绪皇帝的争斗之中支持太后，而陷害帝党。但是一些人对此说法提出了质疑，认为革命党人没有必要杀李莲英。因为顺治皇帝在开国之初就规定太监不能干预朝政，李莲英虽然贪财，但是对于政事却并没有干涉，所以也就不可能得罪革命党人。再说李莲英出宫后，对政事已经没有影响了，也就没有必要杀他了。

虽然对于李莲英被杀的说法有很多版本，但是

↑ 光绪像

每种说法又都找不到直接的证据来证明。不过，虽然说法不同，但是都暗示了李莲英并非正常死亡。据说在北京的南郊有一家人，父子两代都是为李莲英家看坟的。有人曾经试图从他们嘴里获得一些有关李莲英死因的信息，但是他们却闭口不谈。所以直到现在，虽然关于李莲英暴死原因的争论一直没有停止过，但是却没有人能真正找到答案。

历史上十大著名太监

1、秦时的赵高，他指鹿为马，不但玩秦二世于股掌之上，最后还发动政变将其逼杀。
2、东汉时的张让，率领的十常侍宦官集团独霸朝纲，铲除异己，权倾天下。
3、北魏时的刘腾，杀死太后情人，后又幽禁太后，最终爬上权力高峰。
4、唐朝的高力士，有权谋，最忠心，并且为"开元盛世"出力献策。
5、唐朝的李辅国，利用一切可以利用的人，没用的则杀掉。
6、宋朝的童贯，勾结宰相，独霸北宋军权二十年。
7、明朝的郑和，开通了中外交通最远的航路。
8、明朝的刘瑾，人称"立皇帝"，代替皇帝批答天下奏章。
9、明朝的魏忠贤，自称"九千岁"，是历代宦官专权乱国的最高峰。
10、清朝的李莲英，清代官品最高、权势最大、财富最多、任职时间最长的宦官。

希特勒生死之谜

> **观点**：据记载，1945年4月30日，当柏林被攻陷的时候，希特勒就服毒后开枪自杀了，但是由于生不见人，死不见尸，因此人们一直无法确定希特勒的最终去向。有人说希特勒已经死了，有人说当时死的只是他的替身，有人说他早在柏林被攻下之前就逃跑了，还有人说他当时是诈死，后来逃到了南美国家。

第二次世界大战后，很多人都受到了军事法庭的制裁，然而被称为战争恶魔的阿道夫·希特勒却并没有受到制裁，因为在柏林被攻陷之前，他就神秘消失了。关于这个战争狂人的死亡，人们一直有着不同的说法，于是希特勒的死亡真相便成了半个多世纪以来的一个历史谜案。

根据记载，1944年底，当盟军攻入德国境内，就已经注定了希特勒的失败，而从此以后他就从公共场合消失了。1945年4月27日，苏军包围了整个柏林，4月30日，苏军攻占了国会大厦，而希特勒的总理府也在苏军炮火的射程内，于是在下午3点30分，希特勒回到地下室的避弹房间开枪自杀了，他的情妇埃娃·布劳恩也同时吞下了毒药。两人死后，尸体被侍从用军毯包上抬到了总理府的花园里焚烧了，焚烧后的骨灰被埋进了一个炮弹坑。希特勒的女秘书在回忆录中也提到了希特勒是开枪并同时服毒自杀的。苏联红军虽然在地堡附近找到了一具很像是希特勒的尸体，但是不久便有人证明这只是他的替身。所以很多人对于希特勒自杀的说法持怀疑态度，有

希特勒的情妇爱娃·布劳恩

人说被发现的尸体根本就不是希特勒本人而是他的替身,还有人说希特勒早在苏军攻击柏林之前就已经逃走了,因为4月30日午夜逃出帝国总理府防空洞的人多达4万名,希特勒很容易夹在人群中混出去。战争刚结束后的头几周,柏林和德国到处是无家可归的人,希特勒很容易就能消失在人流中。

当年尸检专家证明从总理府找到的尸体就是希特勒的尸体,是依据一位牙医的说法。1945年,当苏联军官把希特勒的颅骨给一位牙医看时,他确认了其中有几颗是自己曾经给希特勒安装的假牙。但是,1972年这位医生在同一位德国作家谈话时又说无法肯定那就是希特勒的颅骨,而他的助手也发表了同样的看法。

➡ 纳粹德国盖世太保制服

↑ 希特勒的法西斯军队

根据美军的解密文件显示，希特勒在地堡自杀是苏联的对外说法，其实连斯大林本人都不相信希特勒已经死亡。在1945年的波茨坦会议上，美国总统杜鲁门曾经询问斯大林是否相信希特勒已死的说法，斯大林生硬地回答说不相信。美国前国务卿詹姆斯·比尼斯曾回忆说，在波茨坦会议期间，他和斯大林谈到了希特勒的死，而斯大林说希特勒没有死，而是逃到了西班牙或者阿根廷。首先挥军占领柏林的苏军元帅朱可夫在1945年也曾声明，他们并没有发现可能是希特勒的尸体。

1947年，艾森豪威尔将军收到了一份标记着"高级机密"文件，这份文件来自于中情局间谍小组，文件中说纳粹元首希特勒并未在1945年4月30日自杀身亡，而是乔装打扮逃出了柏林。文件中还称，中情局特工发现了可信证据可以证明希特

↑ 盟军总司令德怀特·艾森豪威尔

勒不仅没有死于二战，而且正藏身在德国海德尔堡附近的威恩海姆地区，而且还和纳粹余孽策划着建立由他领导的"第四帝国"。艾森豪威尔看过文件后，立即派出30名全副武装的特种兵前往威恩海姆地区，然而，他们没有发现任何可疑的人物。接着，艾森豪威尔下令建立一个特别调查小组，专门秘密调查希特勒的死亡真相。直到二战结束7年后，艾森豪威尔仍向亲信透露，他们一直无法找到证据证明希特勒已经死亡，并且说相信他已经逃出了柏林。

事实上，自从二战结束后，关于在世界各地多处都发现了希特勒踪迹的报告就一直没有断过。一份目击报告称，有人看到希特勒像隐士一

阿尔卑斯山，据说希特勒曾出现在这里

样生活在意大利北部加达湖畔的一个洞穴里,还有人曾在瑞士的阿尔卑斯山看到希特勒。结果调查后发现,那只不过是一个和希特勒长得非常相似的牧羊人而已。除此之外,还有人声称在法国格勒诺布尔市、瑞士圣加伦市、瑞士苏黎士、爱尔兰发现过希特勒的踪影。但是很多人相信,希特勒逃到了南美,因为当时许多南美国家,包括阿根廷都拥有大量纳粹同情者。

在一份美国联邦调查局的秘密报告中显示,希特勒拥有至少4个替身,这些替身都是由纳粹高级情报官帮希特勒找来的,他们都和希特勒拥有同样的身高和体形,就连走路和说话的方式都和希特勒一模一样。不过,二战结束后,就没人知道这些替身的下落了。

当年在生还的证人中,只有希特勒的近侍海因茨·林格一人见过

◐ 希特勒在阅兵

死后的希特勒，其余人只见过从希特勒办公室抬出的裹在毯子里的尸体，然而毯子里究竟是谁，他们并不知道。林格后来在监狱里也说，只有他一个人知道希特勒之死的秘密，但他永远也不会说出来。

第二次世界大战给全人类留下了难以磨灭的创伤，而这场战争最主要的发动者希特勒被冠以"杀人恶魔"的恶名，虽然人们知道在1945年4月30日苏联军队攻入柏林时，这个双手沾满鲜血的刽子手服毒后开枪自杀了，但是却有消息不断传出说希特勒并没有死。多少年过去了，虽然搜查行动一直没有中断过，但是始终也没有再见过希特勒的踪影。或许，希特勒的死又将成为二战中众多不解之谜中的又一谜团了。

第三帝国

第三帝国最初的意义是指"圣父之国"、"圣子之国"之后的"圣灵之国"，即上帝拯救世界后，由圣父、圣子、圣灵统治、以基督为王的第三阶段神国。后来通常指1933年至1945年间的德国，也就是被正式命名为德意志帝国和大德意志帝国的纳粹德国，当时处于阿道夫·希特勒的独裁和法西斯主义的意识形态的统治之下。希特勒认为，他的第三帝国是继"罗马第一帝国"与威廉一世和俾斯麦创立的"第二帝国"之后的第三帝国。德意志第三帝国与军国主义的日本和法西斯主义的意大利结成柏林—罗马—东京轴心同盟集团，是第二次世界大战爆发的策动者。1945年4月30日，由苏军发起的柏林战役以苏军的胜利结束，这次战役标志着法西斯德国的灭亡，从此第三帝国也就退出了历史舞台。

加加林坠机身亡之谜

观点：加加林是第一个进入外太空的飞行员，并且成功完成首次载人宇宙飞船的飞行，但是在7年后，即1968年3月27日，加加林却在一次例行的飞行训练中坠机身亡。有关于加加林的死，却至今是个谜。

加加林是苏联第一名宇航员，也是第一个进入外太空的地球人

加加林全名尤里·阿列克谢耶维奇·加加林，1934年3月9日出生于苏联一个普通的家庭。1955年，加加林进入航空军事学校学习飞行，并且在1957年加入了苏联军队，成为一名歼击机飞行员。1959年，苏联在全国展开了首位宇航员选拔工作。加加林从三千多名飞行员中脱颖而出，成为20名入选者之一，并在莫斯科接受了专业的培训。1961年4月12日，加加林作为苏联第一名宇航员，成功地完成了世界上首次载人宇宙飞行，他乘坐的东方1号宇宙飞船在绕地球一周后安全降落。加加林实现了人类进入太空的愿望，他驾驶的东方1号成为了世界上第一个

↑ 当加加林完成了史无前例的宇宙飞行返回时，受到了人们隆重的欢迎

载人进入外太空的航天器。

加加林完成了史无前例的宇宙飞行后，成了全世界敬仰的航天英雄。人们不但隆重地欢迎他凯旋，而且还授予了他"苏联英雄"、"苏联宇航员"的称号。首次太空飞行后，加加林并没有放弃学习，他梦想着第二次进入太空，然而这个愿望却没有再实现。1968年3月27日，加加林在一次例行

米格 15 是苏联制造的数量最大的喷气式飞机

的训练飞行中,不幸坠机身亡,年仅 34 岁。加加林坠机身亡的消息震惊了整个世界,最后,加加林被埋葬在克里姆林宫的墙下。

加加林死后,人们在悲痛之余,不禁迫切地想知道航天英雄是怎么死的。于是，在加加林死后的第二天，政府就成立了委员会对这一事故进行调查，大约有200多名专家参加了调查。调查发现，加加林当时驾驶的米格15歼击机是在离地面250米到300米的高度、倾斜角在70°到90°之间，几乎是垂直俯冲着坠毁的。但奇怪的是，苏联政府禁止公布调查结果，并下令将长达30卷的调查报告密封起来。而且还规定，参与调查的有关人员不得擅自发表总结性的结论，因为那样会危及国家安全。所以迄今为止，就连加加林的直系亲属也不知道加加林的真实死因。加加林的母亲甚至怀疑，是政府谋杀了他的儿子。

● 印有宇航员加加林头像的苏联信封

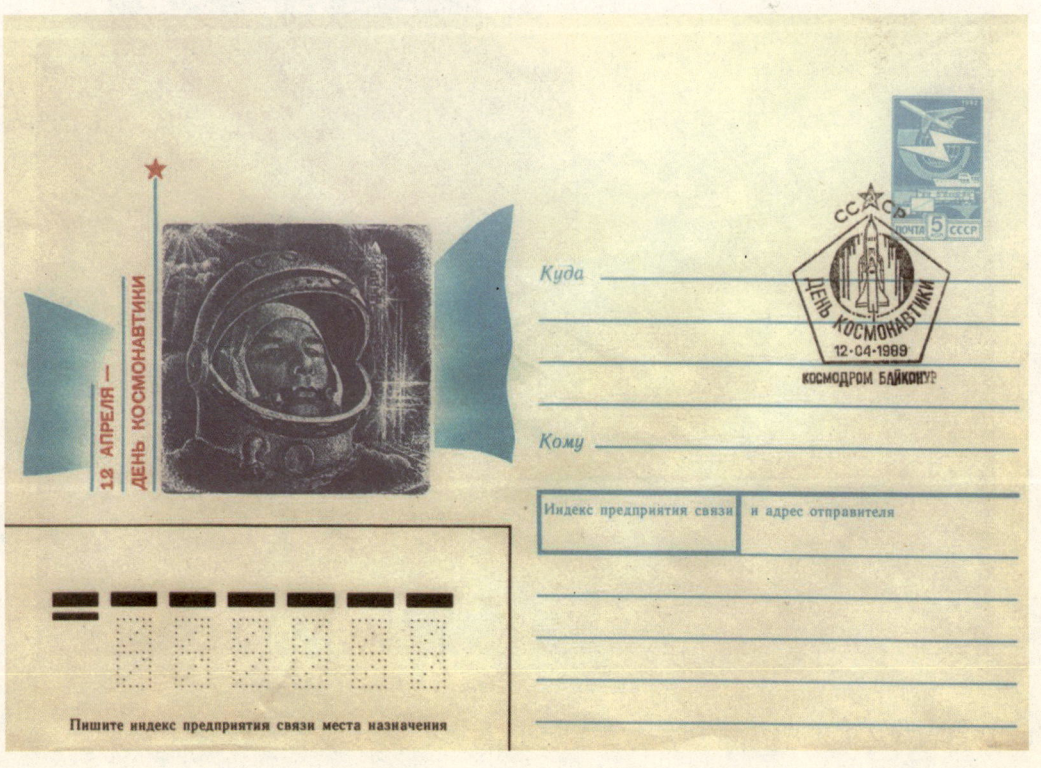

◆ 莫斯科宇航博物馆内的加加林塑像

由于当时飞机上并未装备"黑匣子",人们无法真正了解飞机失事前发生了什么事,但是调查人员确认:飞机在与地面碰撞前,所有系统都工作正常。政府虽然禁止公布调查结果,但是人们却在私下纷纷讨论着加加林的死因,而且出现了很多不同的说法。

有人认为加加林的飞机是与鸟相撞后坠毁的。因为在飞机坠落的地方发现了一只鸟的残骸,但是后来经过鸟类专家的证明,那只鸟是被猛禽所袭击而坠地的,而且在加加林的飞机坠落前就已经坠落了。

也有人认为加加林的死是由于醉酒造成的。加加林在一夜成名之后,很难适应这种生活,于是开始酗酒,并且成了不折不扣的酒鬼。当天飞行时,加加林和另一名飞行员都喝醉了,因此导致了飞机失控。但是在官方的报告中却表明两人的血液中都没有发现有酒精的痕迹。还有人则说加加林的死亡是因为当时飞机上另一名飞行员突发心脏病,加加林措手不及无法正常驾驶飞机,所以导致了飞机坠毁。

一些人认为当时加加林和另一名飞行员可能为了避免撞上气象气球,所以才被迫突然转向,而正是这个突然的空中操纵,导致飞机急剧俯冲而失去了控制。

在加加林死后17年,官方公布了当时的事故调查报告。报告中声称在加加林进行飞行训练的空域,同时还有5架新型飞机在高空进行试验飞行。那些飞机都比加加林驾驶的飞机体积大,速度快。当时其中一架飞机先进行俯冲,然后加速拉起,而它的机尾正对着加加林的飞机,空爆气流就像火炮一样近距离攻击加加林的飞机,加加林的飞机瞬间就失控坠向地面了。根据现场其他人报告,他们在相隔不到2秒的时间听到了两声爆炸声,说明当时两架飞机相距不到10米。事故原因之所以被严格保密,是因为事故责任在机场控制部门,如果公布,将会影响到苏联空军的声誉。

曾经参加过调查的一名专家利用最新的电脑程序确定了飞机失事时的飞行轨迹和飞行参数，并模拟出当时的飞行情形。最后他指出，飞机失事的主要原因是飞机员座舱的通风阀门没有关好，使得座舱在飞行中漏气，导致机舱压力降低，最后致使飞行员失去知觉，他们所驾驶的飞机也因此而坠毁。因为飞机在飞行前进行过检修，所以他认为是人为因素导致了事故，至于是检修人员无意的疏忽还是故意为之，还需要进行调查。

曾经有多名航空专家向政府请愿，希望能够重新调查加加林死因，但是政府表示，目前还没有看到任何可以推翻最初结论的依据。不过为了纪念加加林首次进入太空的壮举，俄罗斯将每年的4月12日定为宇航节，而且还在这一天举行隆重的纪念活动，以此来纪念这位航天英雄。

加加林作为进入外太空的第一人，成为人们心目中的英雄，然而他的猝死也成为人们心中无法释怀的谜。虽然距离加加林的死已经过去了几十年，但是关于他的真正死因仍然是一个未解的谜。

宇航员之最

世界上第一名宇航员——尤里·加加林，1961年4月乘坐东方1号进入太空
第一位女性宇航员——瓦伦蒂娜·特雷斯科娃，1963年6月乘坐东方6号进入太空
美国首位宇航员——艾伦·谢泼德，乘坐自由7号遨游太空
中国首名宇航员——杨利伟，乘坐神舟五号进入太空
进入太空最年轻的宇航员——戈尔曼·季托夫，乘坐东方2号进入太空时26岁
进入太空最老的宇航员——约翰·格伦，乘坐发现号进入太空时77岁
个人上太空次数最多的宇航员——杰里·L·罗斯和富兰克林·张·迪亚斯（7次）
首个自制太空船上太空的宇航员——迈克·梅尔维尔，乘坐太空船一号进入太空

以色列总理拉宾遇刺之谜

观点：1995年11月4日，以色列总理拉宾在特拉维夫遇刺身亡，他为中东和平进程作出了贡献。虽然刺杀他的凶手被当场抓住，然而他的死却让人怀疑是被谋杀，真凶至今也没有缉拿归案。

拉宾全名为伊扎克·拉宾，生于耶路撒冷，在特拉维夫长大。1974年至1977年拉宾出任以色列总理，后因其夫人在美国存款一事被揭露，他辞去了总理一职。1992年，拉宾再度当选为工党主席，并且在7月的大选中获胜，再次成为以色列总理。拉宾任总理之后，极大地促进了中东和平的进程，他与阿拉法特握手言和，接受了巴勒斯坦提出的"以土地换和平"的主张，并且与阿拉法特签署了"塔巴沙"协议。协议中规定，以色列逐步从约旦河两岸撤军，把约旦河西岸归还给巴勒斯坦。但是以色列的极端右翼分子却多次示威游行，他们骂拉宾是卖国贼，甚至将他与希特勒相提并论。一些政府部门也遭到了不同程度的破坏，有人还扬言要杀掉拉宾来阻止和平进程，但是拉宾对于这些传闻不以为然，并且表示要依然坚持中东和平进程。1994年，拉宾因极

⬇ 伊扎克·拉宾是以色列政治家、军事家，是首位出生于以色列本土的总理

大地推动了以巴和平进程而荣获当年度诺贝尔和平奖。

1995年1月4日,是犹太教的安息日,也是以色列的法定假日。夜幕降临后,约有10万市民涌向了市中心的"国王广场",去参加主题为"要和平,不要暴力"的盛大集会。拉宾在外交部长佩雷斯和其他内阁成员以及埃及、约旦大使的陪同下来到了集会中心,并且慷慨激昂地发表了要继续坚持中东和平进程的演讲,在集会结束前,拉宾还和大家一起唱了象征以色列和平运动的《和平之歌》。集会结束后,拉宾在众人的簇拥下快速走下主席台,准备乘车离开广场。然而当拉宾走到自己

◐ 为了促进中东和平进程,拉宾与巴勒斯坦领导人阿拉法特握手言和

↑ 拉宾纪念广场

的车旁正准备上车时,从台阶阴影处冲出一名男子,他撞开了拥挤的人群扑向拉宾,并且在距离拉宾几米远的地方开枪,拉宾被击中。在一名卫士的帮助下,拉宾被抬上了车,并很快被送往医院。当晚11点06分,以色列电台向全国宣布,拉宾总理伤势非常严重。11点10分,医生宣布拉宾抢救无效身亡。拉宾总理对世界和平、特别是阿以和平具有重大的影响,因此他遇刺身亡的消息震惊了整个以色列,也震惊了全世界,人们悲痛万分,纷纷要求政府严惩凶手。

刺杀拉宾总理的凶手被当场抓住,他叫扎伊尔·阿米尔,还是一名大学生。阿米尔是一名极端右翼分子,他认为拉宾以及拉宾政府想把他们的国家送给阿拉伯人,所以他要刺杀拉宾,阻止中东和平。而且他还说自己完全是遵照上帝的旨意干的,也是完全出自于自愿的个人行为,他并不感到后悔。而且他还交代,以前他曾经两次试图行刺拉宾,但都没能得逞。阿米尔最后被判终身监禁。

拉宾遇刺身亡后,虽然凶手阿米尔得到了惩罚,但是人们却认为事情并没有那么简单,在整个案件中有太多的疑点,让人不得不怀疑拉宾遇刺案另有隐情。据说在拉宾遇刺之前,就

拉宾夫妇之墓

有人向政府举报过阿米尔有刺杀总理的企图。但是当时并没有引起有关部门的重视，也没有对阿米尔采取过任何措施。不知道这是有关部门的疏忽还是由于放纵，很难让人不怀疑。

拉宾遇刺后，有人向电台打电话说，拉宾的死和一个名叫"犹太复仇组织"的团体有关，并且还说拉宾和巴勒斯坦人和解背叛了犹太圣经。也有人说阿米尔同一个称为EYAL的反阿拉伯的好斗组织有联系，而且这个组织的领导人也承认了认识阿米尔，不过他否认这次暗杀是EYAL组织所为。除此之外，还有一个署名AIN的组织声称暗杀拉宾的行动是他们所为，但是这个组织以前根本不为人知。

拉宾遭暗杀身亡后两个月，以色列的一家电视台播出了震惊世界的"凯姆普勒录像带"。在录像带中，拉宾与凶手出现在同一画面，让人们开始怀疑真凶的身份。但是后来当人们开始关注拉宾之死时，这盘录像带却再也没有出现过，就连拍摄录像带的摄影师也在电视台露过一次面后消失不见了。很明显，录像带和摄影师被有意藏了起来，这表示有人要故意隐瞒什么。有人猜测，当年阿米尔确实参与了暗杀拉宾，但是拉宾身上致命的伤却并不是阿米尔所致。当枪响后，保镖将拉宾抬进车里后，藏在车里的真正的凶手开枪打死了拉宾。

拉宾的女儿达利亚·拉宾在拉宾逝世四周年纪念仪式上表示，他父亲被刺事件仍是个未解之谜，许多疑问也都没有得到令人满意的答案。有人说拉宾遇刺是以色列安全总局辛贝特策划的一起假暗杀事件，想以此使支持右翼分子的反对党名誉扫地，而且拉宾本人对这一计划也知道。但是达利亚对这一说法却不以为然，她表示如果暗杀事件是假，他的父亲就不会中弹身亡。如果真是右翼分子所为，那么安全总局在事件发生时的反应又十分无法理解。所以拉宾被刺背后一定还有什么没有暴露的阴谋。

拉宾总理去世后，他所倡导的和平进程也停滞不前了。如今，距离拉宾总理遇刺已经过去十几年了，但是谋杀他的真凶也一直未能缉拿归案。这不得不让人遗憾之余有些悲痛。

中　东

"中东"一般是指欧、亚、非三洲连接的地区，主要是亚洲西部一带，战略位置非常重要。

过去欧洲人以欧洲为中心，按距离远近把东方各地分别称为"近东"、"中东"和"远东"。"中东"地区的范围，没有明确的划分，一般指包括埃及、巴勒斯坦、以色列、叙利亚、伊拉克、约旦、黎巴嫩、也门、沙特阿拉伯、科威特、阿曼、土耳其、伊朗等国家。总面积约为700多万平方公里，人口约一亿。中东拥有极为丰富的石油资源，石油蕴藏量约占整个西方世界的百分之六十以上。

社会名流篇

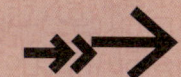

- 莫扎特死亡之谜
- 贝多芬死亡之谜
- 普希金的死亡背后
- 高尔基的神秘死因
- 李小龙暴死之谜
- 传媒大亨马克斯韦尔的神秘死因
- 黛安娜王妃死亡之谜

莫扎特死亡之谜

观点：1791年12月5日，奥地利著名的作曲家莫扎特在维也纳突然死亡。此后的两百年间，人们在欣赏他遗留下来的作品时，除了深深的怀念，不禁纷纷猜测他的真实死因。

幼年的莫扎特和父亲一起听音乐会，他坐在父亲与大主教中间

沃尔夫冈·阿玛德乌斯·莫扎特，是奥地利著名的作曲家，也是维也纳古典乐派的代表人物。1756年1月27日，莫扎特出生于奥地利的萨尔茨堡，他的父亲是一位宫廷乐师。3岁时莫扎特就开始显露出他的音乐才能，4岁时他跟随父亲学习钢琴，5岁时开始作曲，并且在8岁的时候就已经创作了一批奏鸣曲和交响曲，因此他被人们称为"音乐神童"。然而，就是这样一位让人称为音乐天才却英年早逝。1791年12月5日莫扎特死于维也纳，终年35岁。他的一生共创作了22部歌剧、41部交响乐、42部钢琴协奏曲、一部安魂曲以及奏鸣曲、宗教音乐等作品，光是手稿就多达两万多页。

莫扎特逝世后，人们无不为痛失一位音乐天才而感到惋惜。然而就在他逝世一周后，当时在社会上

↑ 为了纪念莫扎特,人们在他死后修建的莫扎特纪念碑

就已经开始流传他非正常死亡的说法。于是,在他死后的两百年间,人们在欣赏他的作品的同时,常常忍不住猜测他的真正死因。从他的忠实崇拜者到著名的医学家再到一些或专业或业余的分析家都纷纷加入了猜测大军,人们从各个不同的角度对莫扎特的死因进行了分析和猜测。于是,一些五花八门、离奇怪异的说法便瞬间流传开了,而且还各有各的一套理论。

据说,莫扎特短暂的一生一直饱受疾病的困扰,他曾经患过天花、支气管炎、肺炎、伤寒、风湿等。所以在他

↑ 莫扎特故居

死后一部分人认为他可能是病故的，不过病故的原因却有好几种可能。比如说过度疲劳、梅毒、风湿病、肾衰竭等疾病都被认为是可能导致他死亡的原因。不过也有人认为莫扎特的死并非自然事件，很可能是被人谋杀的，因为在他死后发生的一些事情实在太蹊跷了。

据说，莫扎特的葬礼是在他死后第二天在圣斯芳丹大教堂举行

↑ 莫扎特留下的手稿

的。当时莫扎特虽然不是知名的音乐家,但他创作了不少的作品,也算是小有名气,绝对不是贫民。然而出乎意料的是,他的墓地却是在距离教堂很远的圣马可斯公墓,那是郊外的一座贫民公墓。莫扎特的妻子因为身体不适没有参加葬礼,而参加葬礼的人竟然也没有人随行到墓地,于是也就没有人为他立十字架和标记。据说,在莫扎特下葬时正赶上暴风雪,送葬人员无法前进,所以只有马车赶往墓地。但是维也纳天文台的气象记录却表明 12 月 6 日那天风和日丽,虽然微微刮风,但是没有暴风雪的踪影。莫扎特的灵柩在被匆忙下到贫民用的墓穴后的几周,又与其他穷人的棺材混在了一起,没留下什么痕迹。所以,后来当莫扎特的妻子去为他扫墓时竟然不能确定他的埋葬地点,一直到现在都没有人能确定埋葬莫扎特的准确地点。这一些列不合情理的事情不得不让人怀疑有人想故意掩盖事情的真相。

由于莫扎特去世前几天,他的身体开始浮肿并且还散发出一股臭气,所以很多人怀疑他是被毒死的。有人说在莫扎特死后,身体并没有变得僵硬,而是如同食物中毒死亡的尸体一样是柔软的。

人们认为最有可能和动机毒害莫扎特的人就是与莫扎特同时代的宫廷乐师安东尼奥·萨列里。据说莫扎特临死前的一段时间正在创作《安魂曲》。关于《安魂曲》的创作过程,人们则普遍认为是一位"黑衣人"托付他写的,而这位"黑衣人"就是与他同时代的意大利作曲家安东尼奥·萨列里,他嫉妒莫扎特的才能所以假扮黑衣人去莫扎特家施计害死了他。在德国作家弗伦伯格的小说和普希金的诗歌中都表达了这一说法。甚至在20世纪,英国一位剧作家在其著名的舞台剧《上帝的宠儿》中还描写了萨列里如何一步步厌恨莫扎特,直至假扮"黑衣人"将其杀死的过程。并且根据此

→ 莫扎特与妻子在作《安魂曲》

剧翻拍的电影《莫扎特传》还一举夺得了1984年的奥斯卡的最佳影片奖。但是后来有人证实，《安魂曲》是莫扎特的一个朋友委托他为悼念亡妻所写的，并不是受什么"黑衣人"委托而作。

也有人认为莫扎特是被他的情敌维也纳宫廷大臣豪弗梅尔特所杀。根据资料记载，在莫扎特去世的第二天，也就是1791年12月6日，居住在离莫扎特家不远的维也纳宫廷大臣豪弗梅尔特割断他妻子玛达伦娜的喉咙后，自杀身亡。这件事的发生，让人们将莫扎特的死亡与豪弗梅尔特联系在了一起，玛达伦娜是莫扎特的最后一个钢琴学生，而且可能还是他的情人。据说莫扎特不但与玛达伦娜有了恋情，而且还导致了玛达伦娜怀孕，不幸的是，这件事情被豪弗梅尔特知道了，于是他就设法下毒害死了莫扎特，然后杀掉自己的妻子，最后自杀。而莫扎特在死之前，也知道自己被下了毒，但是很可能为了保全情人而没有说出来是谁下了毒。莫扎特在创作《安魂曲》的过程中，对自己的健康状况越来越感到沮丧和恐惧，甚至出现了妄想症状，他曾说："我确切地感觉到我活不了多久了，也确信我已经被人下毒了。"他还断言他所写的《安魂曲》就是为自己而作的。甚至有人认为在他晚期创作的作品《魔笛》其实就是在写他和情人玛达伦娜的故事。由于莫扎特死后，他的情人以及豪弗梅尔特都相继死去，所以这种说法同样也无法考证了。

最新的一项研究表明，莫扎特很可能死于链球菌感染引发的肾衰竭。一些研究人员在研究了莫扎特死亡前后维也纳官方的死亡记录后发现，在莫扎

➊《费加罗的婚礼》是莫扎特创作的三部代表作之一,此图为第一幕布景

特死时,维也纳正遭受一场流行性风湿热的侵扰,而年轻男性中出现与浮肿相关的死亡病例的比例明显高于其他年份。风湿热的形成是由于某种细菌入侵诱发免疫系统产生抗体,这种抗体可能会袭击体质虚弱的寄主的心脏、皮肤、关节和大脑。风湿热对神经系统造成的后果可以用来解释莫扎特临死前的妄想症,也可以

解释他去世前几天性格的变化,因为在他去世前几天,曾经把自己最宠爱的金丝雀从病房中赶了出去。所以,很有可能的情况是,维也纳当时出现了小型链球菌感染疫情,而莫扎特不幸被感染,最后死于这种链球菌感染引发的肾衰竭。他死前出现的皮疹、浮肿、全身疼痛等症状都是链球菌感染的症状。一些专家表示这种说法的可能性比较大,但是仍然需要验证。

莫扎特的一生为世人留下了极其丰富的音乐遗产,然而却在他如日中天的时候突然死亡,这不仅成为乐坛的一大遗憾,而且他的神秘死因也成为了两百年来人们众说纷纭、未解的谜。

↑ 莫扎特被人誉为"音乐神童"

莫扎特的歌剧代表作

《费加罗的婚姻》、《唐璜》和《魔笛》是莫扎特所创作的歌剧中最具代表性的作品。《费加罗的婚姻》取材于当时在奥地利被禁演的一部话剧。《唐璜》取材于西班牙一个有名的民间传说,是莫扎特在意大利歌剧的基础上发展歌剧式戏剧的重要作品。《魔笛》取材于维兰德的神话《露露》。这部歌剧中几个主要角色可能隐喻了当时社会现实中的人物,是莫扎特在德国及奥地利歌唱剧和神话剧的基础上创作的。

贝多芬死亡之谜

观点：1827年3月26日，著名音乐家贝多芬离开了人世，他的死给后人留下了无限的遗憾和疑惑。

路德维希·凡·贝多芬出生于德国波恩，是世界著名的音乐家，他的一生创作了不少不朽的音乐作品，如《命运》《月光曲》等，被世人尊称为"乐圣"。然而这位音乐巨人的一生却历经磨难，饱受贫穷与病痛之苦，先是在声名如日中天的时候突然失聪，让他的精神支柱在瞬间坍塌，晚年又患了肝病，曾经在一年内动过四次手术，身体情况每况愈下。1827年3月26日，贝多芬在贫穷与病痛的折磨下离开了人世，一颗音乐巨星就这样陨落了。

法国著名作家阿尔方斯·卡尔在他的《在椴树下》一书中详细描述了贝多芬死前的情况。他写道：贝多芬死前不久的一天，收到了他侄子的来信，信上说他遇到了麻烦需要伯父帮他脱离困境。贝多芬接到信后立即徒步上路了。当晚他就住在一家农舍，但是到了夜里，却感到浑身发烧，疼痛难忍，于是在

◆ 路德维希·凡·贝多芬

无法入睡的情况下他便爬起身，赤着双脚到田野里徜徉，等他回到农舍时已经开始冷得发抖。于是，主人从维也纳请来一位医生，医生确诊为肺积水，而且说他已危在旦夕。得知贝多芬病重的消息后，德国著名钢琴演奏家和作曲家胡梅尔来看他，但贝多芬已无法与其交谈。胡梅尔通过听音筒向他表示他的悲伤之情，贝多芬从听音筒依稀听见几句后，顿觉畅然，于是对老朋友说："胡梅尔，我果真是个天才吗？"说完后，他张大嘴，两眼直勾勾地瞪着胡梅尔，与世长辞。

在贝多芬死后，人们为这位音乐巨星的逝世感到悲痛和惋惜，同时也对他的死因众说纷纭。

↑ 贝多芬纪念碑

起初，有人说贝多芬死于梅毒，但是后来这种说法就被否定了，因为医生并没有在他的头发内发现大量的汞成份，因为汞被视作治疗梅毒最有效的物质。如果贝多芬真的患有梅毒，那么在他的头发中就应该有汞残留。

也有人说贝多芬是被他的侄儿气死或者逼死的。贝多芬的弟弟卡尔于1814年去世，贝多芬负起了监护养育弟弟儿子的责任。可是他虽然是音乐上的天才，但是却不擅长于与人打交道。他的侄子在别人面前称呼贝多芬为"老傻瓜"，而且只要人家看到他同这个"老傻瓜"在一起，他就会觉得十分丢脸。如果贝多芬对他要求严格或者言语过重，他还会用自杀来威胁贝多芬。这些给贝多芬的精神带来了莫大的痛苦，也大大损害了他的健康。当贝多芬卧床不起的消息传到他侄子那里时，他竟然无动于衷。

英国一名医生声称贝多芬死于一种少见的风湿病，这种风湿病会使身体的每个器官发炎，并逐渐侵袭全身。这位医生还说，如果用现代的类固醇治疗，然后做肝脏移植手术，或许贝多芬还可以多活许多年。

↑ 贝多芬故居

一位维也纳的病理学家赖特尔根据最新的研究指出贝多芬可能是死于他的医生之手，因为这位医生在治疗中误使贝多芬摄入了过量的铅，最终导致了他的死亡，因为在贝多芬头发中发现的铅含量是普通人的100倍。赖特尔声称，他的这项研究来源于贝多芬的一撮头发，而关于这撮头发的来历还有一连串的故事。据说，在贝多芬的葬礼上，曾经有两万名以上的维也纳市民参加，在这些人里面有很多贝多芬的崇拜者。在他死后几天，还有世界各地的仰慕者来到维也纳就为了见他最后一面,这其中有一名犹太音乐家菲丁南德·希勒尔,他是贝多芬忠实的崇拜者,也是一名狂热的粉丝。他在瞻仰贝多芬遗容时,偷偷剪下了一撮头发,此后又将这撮头发当作宝贝珍藏。后来,由于战乱的关系,这撮头发又到了丹麦医生凯·弗莱明的手里,而最终被弗莱明的女儿拍卖给了四个美国人。所以,赖特尔才得以对贝多芬的头发进行破坏性的检测。

赖特尔用光谱分析的办法,探明了贝多芬的两根头发中的化学物质含量随时间而变化。通过这种变化,赖特尔发现,贝多芬的医生对他进行的缓解腹部水肿的治疗加剧了铅中毒,因为每一次治疗结束,他头发中铅的含量就会达到一个高峰。赖特尔推测,医生在每次治疗后会使用一种含铅药膏敷住伤口。虽然含铅膏药是当时医疗处理中的正常方子,但当时贝多芬的肝脏已经不能承受了,所以正是膏药中的那些铅渗入贝多芬不健康的肝脏,并且日益累积,加剧了他的死亡。后

↷ 贝多芬的墓

↑ 贝多芬最终的死因被确定为铅中毒

来人们还在那名医生的日记中发现,贝多芬曾经在腹部水肿之前还得过肝炎,而医生使用了一种含铅的盐类药物对他进行了肝炎治疗。这些铅在贝多芬的腹内积累,也会导致持续的铅中毒。

2005年11月18日,美国一所研究中心宣布,他们已经获得贝多芬的头盖骨,而且经过当地的司法机构进行DNA鉴定后确认新发现的头盖骨和原来的头发一样,都是属于贝多芬的。研究人员使用功能强大的X光机分析了贝多芬的骨骼碎片,发现了大量铅残留。这一结果与此前对贝多芬头发的分析结果一致,再次确认贝多芬的死因是铅中毒。

虽然通过头发和头盖骨确定了贝多芬死于铅中

↓ 贝多芬在林中漫步

毒，但是研究人员还不清楚当时那名医生在对他进行含铅药物治疗之前，贝多芬体内的铅是从哪里来的。有人认为是贝多芬常常饮用含铅的葡萄酒，也有人认为是贝多芬曾经无意间喝过含铅的水，导致了铅在他体内的沉积。与此同时，研究人员也无法确定贝多芬的铅中毒到底是不是意外中毒，或者是被人谋杀。

贝多芬趣事

蔑视权贵是贝多芬的一贯性格，而且对于上层社会阔佬们的谄媚，他一样深感厌恶。贝多芬生活的时代，欧洲盛行一种"收藏名人贴身物品"的风气。一位伯爵夫人向贝多芬索取一束头发作为纪念，贝多芬对此不以为然，随手用纸包了一束山羊的胡子将那位贵妇打发了。那位伯爵夫人毫不知情，还以为自己真的得到了宝贝。有一次，几个贵族幸运地请到贝多芬演奏钢琴。起初，贝多芬的兴致也还不错，可是他在演奏中逐渐发现这些贵族们并不在意他的演奏，而只是想在茶余饭后"装点门面"而已。于是贝多芬立刻盖上琴盖，怒气冲冲地留下一句："我没有兴趣对猪弹琴！"然后，就拂袖而去。

普希金的死亡背后

观点：1837年1月29日，俄国著名诗人普希金在与情敌决斗中不幸中枪身亡。他的死震惊了整个俄国，同时也给人们留下了一些疑惑。一些人认为他并不是真正死于情场上的决斗，而是死于沙皇尼古拉一世的阴谋。

↳ 普希金是俄国著名的文学家、伟大的诗人、小说家

普希金全名为亚历山大·谢尔盖耶维奇·普希金，他是俄国著名的文学家、诗人、小说家，被誉为"俄国文学之父"、"俄国诗歌的太阳"。然而，这颗俄国文坛的巨星却过早地陨落了，1837年1月27日，他在与情敌丹特斯的决斗中中枪，1月29日在圣彼得堡去世。

当普希金逝世的消息传出后，人们简直不敢相信自己的耳朵，天才诗人怎么会突然死亡呢？对于这个问题还要先从普希金的妻子说起。

1831年2月18日，普希金与娜塔丽娅在相爱不久后终于结为夫妻，他们的结合可谓"男才女貌"。普希金的才华自不必说，娜塔丽娅更是美若天仙，年轻的身体犹如刚刚盛开的玫瑰。普希金与娜塔丽娅一见钟情，而娜塔丽娅的美貌不仅使普希金拜倒在了她的石榴裙下,而且还吸引了别的男子的目光。当法国青年丹特斯出现时,普希金与娜塔丽娅几年的婚姻生活开始出现裂痕。丹特斯身材健硕,风流潇洒,当他在一次偶然的机会中认识娜塔丽娅后,便被娜塔丽娅的美貌迷倒了,随即便对她展开了猛烈的攻势。娜塔丽娅也被丹特斯的魅力所吸引,所以对于他的疯狂追求不但不加以阻止和拒绝,反而还愉快地接受了。于是,关于娜塔丽娅与丹特斯之间的流言便逐渐流传开来。

1836年11月4日,普希金收到一封用法文书写的匿名信,里面装着所谓的"绿帽子协会"寄给他的成员证书。证书上面写道:绿帽子最高勋章获得者、骑士团长及骑士们会聚勋章局,在尊敬的纳雷什金主席主持下,大家一致同意任命普希金为主席的助手和奖章史研究家。落款是:常务书记——波尔赫。 与此同时,普希金的一些好友也收到了同样的匿名信。顿时,整个圣彼得堡都知道了这件事情,普希金也成为了上流社会茶余饭后的谈资笑料,并且还有人当面嘲笑他。

普希金被这种羞辱性的匿名信激怒了,经过调查后,他知道这

● 普希金的塑像

封信是由丹特斯的义父、荷兰驻俄国大使盖克恩男爵策划的。于是，普希金给盖克恩男爵写了一封信，他将满腔怨恨发泄在了信中，言辞激烈，并且充满了质问和谩骂。在接到普希金的谩骂信之后，盖克恩男爵便鼓励丹特斯与普希金决斗。为了捍卫自己的尊严和荣誉，同时也为了捍卫妻子的荣誉，普希金决定选择以中世纪决斗的方式来结束他和丹特斯之间的恩怨。

◆ 莫斯科普希金纪念馆外的普希金夫妇塑像

决斗的日子定在了1837年1月27日，地点选在圣彼得堡的小黑河畔，普希金还请来了他的朋友丹扎斯做公证人。决斗的方式为：双方在十步的距离内射击，并且在第一次双方都没有射中对方之后，决斗再重新开始，直到有一方倒地为止。在丹扎斯的公证下，丹特斯获得了首先开枪的权利，当枪声响过后，普希金腹部中弹倒地。两天后，便撒手人寰了。

普希金死后，人们在悲痛和惋惜的同时，纷纷要求

严惩凶手。于是总检察院迅速对案件展开了整理，与此同时也收集了各级军官的意见。军事审判委员会对于如何判决决斗人员产生了一些分歧，一些人认定丹特斯中尉和丹扎斯中校有罪，应该依法判处绞刑。最后，总检察院判定，丹特斯因挑起决斗和谋杀，被剥夺其官职和贵族称号，降为列兵到军中服役；普希金自身的犯罪行为应与丹特斯一样受到惩罚，但因其死亡，就免于惩罚；而丹扎斯也因为对非法的决斗未加制止，而被软禁了两月。据说沙皇在普希金的案件中曾经作过批示："准此（总检察院所作结论），但丹特斯并非俄罗斯臣民，应扣留其军官证，由宪兵将其驱逐出境。"

普希金的英年早逝震惊了俄国人民，而案件的判决结果也让人们开始思考，难道这位天才诗人真的死于情场上的决斗吗？这背后是不是还有一些其

↑ 普希金广场

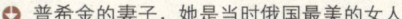
↓ 普希金的妻子，她是当时俄国最美的女人

他的原因?

一些专家在对史料进行详细研究后,指出普希金并非死于决斗,他的死可能是一个阴谋,而真正的幕后凶手就是沙皇尼古拉一世。据说,普希金的妻子非常美丽迷人,普希金的好友曾经这样描述过娜塔丽娅:"她是真正的美人,甚至是从最靓丽的女人中挑选出来的女人也要在她的面前黯然失色。当时彼得堡没有一个年轻人不对她暗暗地恋慕着,她是一个人见人爱的女子,她美丽的姿色具

尼古拉一世塑像

● 普希金雕像

有无坚不摧的魅力。"所以,尼古拉一世也被娜塔丽娅的美色所倾倒,并且想将其占为己有。于是他便指使丹特斯公开引诱娜塔丽娅,并且故意激怒普希金,使其与他决斗,然后乘机将他杀掉。与此同时,沙皇尼古拉还在上流社会大肆宣传,使得普希金的名声大损,最终决定与丹特斯决斗。据说,后来在俄罗斯国家军事历史档案馆中发现的一批档案,也证实了在普希金的死亡事件中,沙皇宫廷扮演了重要的角色。这卷档案名为《御览军事司法案件报告:1837年2月到4月》,是1837年俄国总检察院、最高军事法庭呈送沙皇尼古拉一世关于普希金与丹特斯决斗事件的材料。不过也有人说,当初是沙皇下令处死普希金的。

普希金在他如日中天的时候突然死亡,虽然凶手受到了惩罚,但是人们却一直心存疑惑,到底谁才是杀害普希金的真正凶手。巧合的是,普希金的死竟与他的诗作《叶甫盖尼·奥涅金》如出一辙。《叶甫盖尼·奥涅金》中诗人连斯基因女人而与无赖叶甫盖尼·奥涅金决斗,最终,奥涅金杀死了诗人。诗人莱蒙托夫的经历和命运,又与普希金极为相似。在普希金去世后不久,莱蒙托夫写了《诗人之死》指出沙皇政府为罪魁祸首,而莱蒙托夫最终也死于决斗。

尼古拉一世

尼古拉一世·巴甫洛维奇,是俄罗斯帝国的第十一位皇帝。1825年,贵族军官发动十二月党人起义,尼古拉对其采取严厉镇压措施。此后他加强对自由思想和革命运动的镇压,设立了秘密警察第三厅。尼古拉把农奴制度改革限制在不与贵族利益发生冲突的范围内,实施了币制改革、法典编纂事业和国有农奴管理方式的改革。对外继续推行神圣同盟的宗旨,镇压欧洲自由主义、民族主义运动。1849年,尼古拉一世应奥地利帝国的请求,向匈牙利派出10万人的军队,镇压了匈牙利争取独立的起义。在对内政策上,文化方面主要是采取钳制措施。为了更好地控制思想,防止变革思潮的蔓延,国内加紧了对报刊的审查。尼古拉一世私下里把普希金称作是"自由派分子的领袖",下令第三处的秘密警察对普希金进行跟踪。

高尔基的神秘死因

观点：1936年6月18日，一代文豪高尔基在莫斯科突然去世，他的死成为了一个让人费解的谜。有人说他是自然死亡，有人说他是被谋害的，还有人说高尔基是被自己最爱的女人下毒害死的。

马克西姆·高尔基，原名阿列克赛·马克西莫维奇·彼什科夫，也叫斯克列夫茨基，是俄国的无产阶级作家，社会主义现实主义文学奠基人，苏联文学的创始人，列宁曾称赞他是"无产阶级文学最杰出代表"。

高尔基不但是文学巨匠，还是一个神秘的人物，在他的身上有着许多未解的谜，比如说他年轻的时候得过结核病，曾一天抽过75支烟，这在一般人身上是无法想象的事情；他的酒量惊人，不管喝多少白酒都不会醉；他曾经数次试图自杀，但是每一次都奇迹般地生还。1936年6月18日，高尔基突然在莫斯科死亡，这一次他再也没有醒过来。就像他传奇的经历一样，高尔基的死也成为了一个未解的谜，因为在他死后，人们对于他的死因众说纷纭，却最终无法

一代文豪高尔基

↑ 高尔基与斯大林的合影

确定他的猝死到底是自然死亡还是惨遭谋害。

最初，人们普遍认为高尔基是病故的。高尔基的儿子在1934年神秘地死去了，1936年6月1日高尔基从克里米亚回到莫斯科就去墓地凭吊了儿子。但是当天他回到家后就感到身体不舒服，随后体温也不断升高，病情一下子变得严重起来。接下来的几天一些医生专门对他进行了会诊，其中包括一位专门从列宁格勒赶去的医生。高尔基的病情似乎十分严重，因为年轻的时候患过肺结核，再加上长期吸烟，所以到了晚年他的肺已经只有三分之一的机能。在他病危期间，当时的苏联政府每天都会向全国人民发布病情公告。虽然斯大林下令要不惜一切代价抢救，但是终究没有能挽救他的性命，6月18日高尔基离开了人世。6月19日，《真理报》在刊出悼念文章的同时，还刊登了关于高尔基死亡的医疗结论和对尸体解剖记录的鉴定。鉴定中说，高尔基的死亡是由于左肺下部严重发炎，使得心肺剧烈扩张并最终停止了活动。

然而，就在高尔基逝世不久，苏联政府突然宣布高尔基是被无产阶级的敌人谋杀而死，这就否定了高尔基自然死亡的结论。1938年3月，苏联政府在莫斯科对谋害高尔基的19名被告行进行了公开审判。最后，除了一名医生被判了有期徒刑，其余18名被告均被判处死刑。

1988年，苏联最高法院在重新调查、研究了高尔基案件后，宣

● 高尔基故居位于下诺夫哥罗德城，1965年被辟为纪念馆正式接待参观者

↑ 高尔基和列夫·托尔斯泰（左）的合影

布当年此案的调查组伪造了证词，有关专门委员会根据当年医疗鉴定，还作出结论，认为医生对高尔基的诊断和治疗都是正确的。因此，包括被指控"进行错误治疗，谋害高尔基"的医生等人都获得平反。持续了50年的高尔基死于医生谋害的说法也被否定。

然而，这一说法并没有阻止人们对于高尔基真正死因的猜测。有一些人认为高尔基是被他深爱的女人穆拉谋害的。穆拉原名为玛丽娅·扎克列夫斯卡娅，是高尔基生命中最重要的一个女人。虽然她没有答应嫁给高尔基，但是却以高尔基妻子的身份生活在高尔基家里。最后，身染重病的高尔基也是在她的怀抱中死去的。穆拉不但外表迷人，而且冰雪聪明，拜倒在她的石榴裙下的名人不在少数。因为她一直没有答应高尔基的求婚，但是却一直生活在他的身边，所以有人说她是政府派去监视高尔基的耳目，有人说她是苏联情报机构安插在高尔基身边的特工,还有人说她是同时为苏联和英国工作的双料间谍。所以有人说高尔基的死,也是她奉命下的毒。

高尔基的死不但是文坛上的一大损失,也是历史上的一大谜案。不管是因病而亡,还是被人谋害,今天要想弄清这个问题已经变得非常困难。

↑ 在高尔基故居创作室的办公桌上,还摆放着高尔基当年写作的手稿

高尔基故居

高尔基故居是一栋灰色的两层楼房,位于莫斯科市中心的卡恰洛夫街6号,原来是俄国富翁里亚布申斯基的私宅。1965年5月28日,故居被辟为了纪念馆对外开放,在门前还钉着一块牌子,上面写到:"阿·马·高尔基于1931年至1936年曾在这里住过。"故居中,最重要的就是他的工作室。虽然工作室不大,但是却有一张宽阔的写字台,上面摆放着几张高尔基带眉批的手稿,几支削得尖尖的红蓝铅笔,以及钢笔、眼镜、墨水瓶等他曾经用过的物件。高尔基不喜欢打字机,基本上都是自己亲自手写,他的手稿不但清晰而且十分工整。在工作室的橱柜里,陈列着高尔基当年用过的剪刀、绳子、胶水等。书房里保存着1.2万册书,其中大约有3000册的书上都留有高尔基所做的记号和眉批。高尔基生命中最后的5年就是在这所房子中度过的。

李小龙暴死之谜

观点：1973年，一代功夫巨星李小龙在香港猝然离世，他的死轰动了整个世界，然而关于他的真正死因却也成为了世纪之谜。

李小龙

一代武术宗师李小龙，原名李振藩，武道哲学的创立者，截拳道的创始人。他是华人世界，乃至全球武术界的传奇人物，是他第一个将中国功夫传播到全世界，也是他开创了华人打入好莱坞的先河。他一生拍过几十部电影，他所创造的成就和辉煌是一个无法超越的神话。然而，就在他的事业如日中天之际，却突然于1973年7月20日在女影星丁佩家猝然去世，年仅33岁。

根据媒体的报道，当时李小龙已经拍完《龙争虎斗》返回香港准备继续拍摄《死亡游戏》。在李小龙死的当天，他拍戏拍到六点，按照约定他晚上要和嘉禾的老板邹怀文一起吃饭，但是当时时间还没到，于是他就去了女友丁佩家。丁佩的家离片场比较近，大概七点

↑ 李小龙所创立的截拳道在世界武坛独树一帜

左右李小龙就到了那里。由于太累,李小龙喝了一口冻啤酒后,就回房休息了。等丁佩忙完自己的事情,回来看他时,李小龙屋里已经没有动静了。后来他虽然被送到了医院,但抢救已经无效了。当晚11点30分,医生正式签署了李小龙的死亡证明书。

　　一代功夫巨星猝死的消息使整个香港乃至世界一片哗然,他的死对于影迷们来说犹如晴天霹雳。人们不敢相信世界上最敏捷、最健壮的传奇人物竟然就这样离奇地死了。7月28日,官方宣布了李小龙的死亡原因:服用止疼药物过敏而引起脑部水肿,从而导致死亡。对于这个结论,很多人认为不能接受,一个健壮的人死得如此

↑ 李小龙的女友丁佩

离奇是不能不让人怀疑的。于是，关于李小龙的死因便众说纷纭，一时间竟然有了很多版本。

有人说李小龙死于旧病复发。在大家眼里李小龙是功夫巨星，是世界上最健壮的人，但事实上，因为超负荷的工作，李小龙的身体状况已经出现了问题。在洛杉矶进行全身检查时，李小龙曾经被初诊为"脑部有问题"，但是他拒绝对脑部的检查。在他死前两个月，有人曾经看见他在公司的卫生间昏倒，但是他却要求不要将他昏倒的情况向外界公布。所以，有人推断李小龙的死可能和他的脑病有关。

也有一些人说李小龙的死和他的精神压抑有关系。据说，李小龙在死前几个月里精神状况跟身体状况一样糟糕。他的脾气变得非常狂躁，常常因为一些小事发火，事情过后他又会感到非常后悔。有人怀疑李小龙患了严重精神抑郁症。

有人说李小龙是被人暗杀的。因为李小龙在全球范围内大力提倡中华武功，而且在美国得罪过不少武林中人，曾经还遭到过几次暗算，险些丧命。当他回到香港后，更是将所有的心思都用在了专研武学和拍电影上，所以便懒得应酬，也因此得罪了不少人。据说有黑道人物想力捧他，他都很不给面子地拒绝了。于是，便给自己找来了杀身之祸。

有人说李小龙死于一种特殊草药的毒杀。有一种草药能在人体死后迅速分解，当年李小龙很可能就是被这种草药毒死的，所以警方尸检的时候才没有在他体内发现任何中毒的痕迹。不过现在距离李小龙的死已经过去了几十年,很多证物都已经不复存在,所以也无法考证这种说法的真实性。

一些武术界的人则说李小龙可能死于运动过量。据说,李小龙生前曾经用一个有着高压电的肌肉震荡机来训练,这种机器每次震10分钟,就像平常人练10小时一样。由于这个机器主要是靠高压电运转,长时间使用的话,会把身体的疲惫信号打消,从而破坏人身体的神经系统和生理系统。运动猝死的例子并不罕见,虽然发病率很低,但是也不能排除这种可能。因为当人的身体承受了一定的强度和负荷后,就有可能引发一些隐性疾病出来,从而导致死亡。

后来,香港警方在破获一起犯罪案件时,无意中从一名黑社会分子嘴里听到了有关于李小龙暴毙的另一种说法,说李小龙是被一个叫做"铁血党"的黑社会组织间接毒死的。据说,李小龙的女友丁佩在认识李小龙之前曾经和"铁血党"的龙头老大屈达夫很亲密。屈达夫是演艺界的黑幕人物,掌握许多演艺界女演员的隐私,并且心狠手辣。丁佩是屈达夫捧红的,而且对屈达夫言听计从,所以屈达夫的许多事

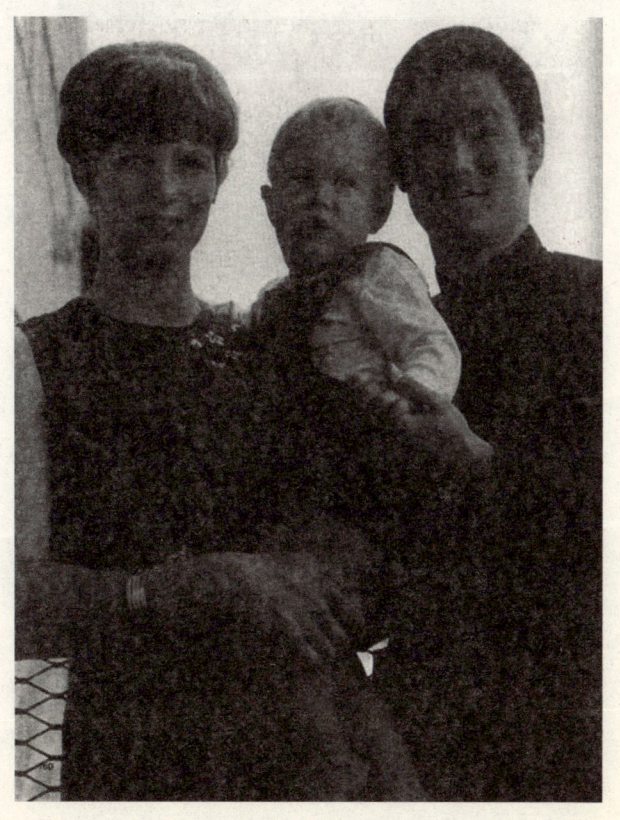

李小龙与妻子琳达、儿子李国豪的合影

↑ 李小龙曾师从叶问学习咏春拳

情并不瞒着丁佩。但是后来丁佩认识了李小龙并且两人很快相恋了。屈达夫怕丁佩将他的黑幕泄露出去，便打算除掉她。他知道丁佩有头晕和头疼的毛病，于是设法在她经常服用的止痛粉里面放入了"柠红酸纳"。"柠红酸纳"是一种缓发性药物，服用后能够使人产生脑部肿胀，继而死亡，临床解剖好像是脑部疾病自然病死。然而阴差阳错的是，李小龙在丁佩那里突然头晕，吃了那些止痛粉。最终，导致了死亡。不过屈达夫已经病死，"铁血党"也四分五裂了，想要证实这个说法是难上加难了。

1993 年，在纽约，一盘录像带的公开，旨在揭秘李小龙真正的死因，再次引起了人们的关注。录像带的录制者是美国的亿万大亨休·博比，录像带中详细讲述了他谋杀李小龙的原因和过程。原来他的女儿在一次偶然的机会认识了李小龙，并且喜欢上了他，可是李小龙只是把她当做普通的朋友。后来他的女儿声称有了李小龙的孩子，但是李小龙否认了此事，并且还说自己已经订婚。休·博比的女儿无法接受这个事实，患上了精神病，后来又勒死小孩后割脉自杀。他的儿子也因为此事而在车祸中丧生。所以休·博比为了报丧子丧女之仇，便决定杀掉李小龙。他在一位医术高超的脑血管专家的帮助下，使用了一种导致血管爆裂的致死药物，结束了李小龙年轻的生命。由于休·博比要求在他死后，这盘录像带才能公诸于世，所以当人们看到录像带的时候，休·博比已经去世了。至于录像带中所讲的事情的真伪，也无法验证了。

一晃几十年过去了，虽然期间不断有所谓的"真相""揭秘"爆出，但是至今也没人能真正确定李小龙猝死的原因。然而不幸的是，李小龙的死因还没有彻底查清，1993年4月1日，他的儿子李国豪在美国拍摄影片《乌鸦》中被枪击身亡的一幕时，不幸被真子弹击中，离开了人世。同样让人疑惑的是，警方宣布李国豪"死于非命"后便仓促结案了，而且还释放了所有的嫌疑人。有人怀疑李国豪的死正是当年暗杀李小龙的仇人所为。李国豪的离奇死亡，为李氏家族增添了几分悲壮的色彩，同时也成为了继李小龙猝死之后的又一个世纪之谜。

截拳道

截拳道是李小龙从格斗实战出发，以咏春拳为技术基础，深入研究了跆拳道、空手道、泰拳、菲律宾拳术、柔术等26种世界武道精华，以武入哲，所创立的全方位自由搏击术。"截拳道"也是一种搏击指导和方法论，意思就是阻击对手来拳之法，或截击对手来拳之道，以"以无法为有法，以无限为有限"为拳理，将东西方哲学理念运用于武术，倡导搏击的高度自由，在世界武坛上独树一帜。李小龙所著的《李小龙技击法》一书成为了公认的截拳道教材，在他去世后，由其生前弟子黄锦铭等进行传播和推广。

传媒大亨马克斯韦尔的神秘死因

观点：1991年11月4日，人们在大西洋的海面上发现了传媒大亨马克斯韦尔的尸体。起初官方给出的结论是自然死亡，但是很快就有媒体提出了质疑。有人说马克斯韦尔是被以色列方面杀掉的，有人说马克斯韦尔死于被雇佣的纽约黑手党之手，有人说马克斯韦尔是被情报部门所杀，但是也有人说马克斯韦尔并没有死。

◆ 传媒大亨马克斯韦尔

罗伯特·马克斯韦尔被人称为英国传媒大亨，他的资产数以亿计，是全球新闻媒介的巨头之一。1991年11月4日，人们在西大西洋海面发现了一具赤裸的男尸，经过警方的侦查和家属辨认后确认，死者正是赫赫有名的英国传媒大亨马克斯韦尔。

马克斯韦尔的尸体出现在大西洋的消息传出后，世界各国报界无不感到震惊。第二天，全球几乎所有的新闻媒体都报道了这一消息，并且还对马克斯韦尔的消息作了跟踪报道。从贫民家的孩子逐步发展成为资产数亿的大亨，马克斯韦尔的一生充满了传奇色彩，而他的意外死亡无疑又为自己增添了一些神秘色彩。于是，人们在最初的震惊过后纷纷开始猜测马克斯韦尔的神秘死因。

经过初步的分析后，人们认为马克斯韦尔的死亡属于自杀。一些了解马克斯韦尔报业集团财政状况的人认为这是他最好的归宿，因为在他死之前，他已经背负了一身的债务。或许只有用死这种方式才能让他不再被那些数目惊人的债务困扰。

马克斯韦尔于1923年出生于捷克西部的一个犹太

↑ 诺曼底登陆战役，马克斯韦尔曾参加了这次战役

家庭，在他 17 岁的时候他加入了英国军队，后来还参加了诺曼底登陆。他过人的商业天赋也在战后开始显露出来，他从战后被占领的德国获取了大量的科学文件，虽然大部分人视这些文件为废纸，但是马克斯韦尔却认为这些都是商机，能够为他带来金钱。他将那些文件带回英国，并且出售给了世界各地的图书馆，这笔无本的生意为他赚得了不少财富。1949 年，马克斯韦尔创办了自己的第一份报纸。1951 年他以 2.5 万英镑买下施普林格·巴特沃思出版公司，并且将其改名为培格曼出版公司。1966 年，该公司的年营业额就达

到了900万英镑，马克斯韦尔也一跃成为英国最大的科技期刊出版商。随后的10年，他先后吞并麦克唐纳出版公司、经营多元化的霍利斯集团、比夏普斯盖尔信托公司和菲利普·希尔投资公司。后来马克斯韦尔成立了报业集团，控制了英国第二大报《每日镜报》，兼并了麦克米伦出版集团，建立起了一个由马克斯韦尔私人集团、镜报集团和通讯公司组成的横跨欧、非、美三大洲的出版帝国。在全球，马克斯韦尔拥有400多家公司、出版社及其他各类企业，年收入约达25.58亿美元。不过，他的帝国是在疯狂而无休止的兼并买卖中崛起的，对于兼并买卖，马克斯韦尔总是有着无法满足的欲望。然而，大规模的兼并是需要巨额资金投入的，到了后期他开始用负债经营的办法来筹措巨额的资金实施兼并。

为了维持马克斯韦尔帝国的正常运转以及弥补他私人公司的亏损，马克斯韦尔未经董事会许可，私自挪用了镜报集团和通讯公司总数达12亿美元的职工养老金。他这种拆东墙补西墙的做法最终将自己逼上了绝路，当一笔13亿美元的债务到期时，马克斯韦尔已经无从挪用了。面对着巨额的债务和即将暴露的挪用养老金丑闻，马克斯韦尔走投无路了，或许只有一死了之。于

➊ 马德拉岛风光，马克斯韦尔曾在这里度过了他最后的时光

是，马克斯韦尔在马德拉岛度过了他一生中最后时光之后，跳进了大海。有人曾经看到马克斯韦尔在马德拉岛期间显得意气沮丧，喜怒无常，但是却没有想到他会以这样的方式结束自己的生命。据说，在马克斯韦尔死后，他的净负债达到了39亿美元，家人不得不将他珍贵的收藏品拍卖用以抵债。

西班牙当局在对马克斯韦尔的尸体解剖后指出，马克斯韦尔死于心脏病和肺功能衰竭，很可能是在心脏病发作时失足落水的。而马克斯韦尔的家属也证实，他生前患有绝症，每天依靠药片维持生命。由于没有发现暴力痕迹，所以英国与西班牙官方排除了他杀的可能，认为马克斯韦尔属于自然死亡。但是，由于不断有人质疑西班牙当局的尸检报告，所以，当局很快又进行了第二次尸体解剖，而且还进行了现场录像，质疑的人并没有在第二次尸检中发现什么新的疑点。

然而，时隔一年后，法国一家报纸刊登文章说马克斯韦尔不是自然死亡，而是他杀身亡，同时刊登的还有一批尸检照片及法医对照片所作的分析。照片上的死者身上有12处伤痕，头颅内还有内出血。法医说，如果从甲板上掉入海中是不会造成这些伤痕的。这一消息的刊登，立即引起了新的争议，英国的《卫报》也发表质疑说，通常情况下，长时间在海水中浸泡的尸体会具有一些特殊的迹象，而马克斯韦尔的尸体却没有这些特征。而且尸检报告对马克斯韦尔左耳下有一个可疑的针孔也没有作出详细的解释，同时，也没有牙齿和指纹记录对尸体的身份进行确认。

如果不是自杀，那就很有可能是他杀。那么，谁会是杀害马克斯韦尔的凶手呢？

有人怀疑是以色列的敌人杀了马克斯韦尔，因为马克斯韦尔与以色列的关系密切，而且还参与以色列的机密事务，所以为了对付以色列或者以示警告，他们就杀掉了马克斯韦尔。也有人透露，马克斯韦尔曾经参与了向伊朗提供大宗军火的交易，所以有可能是以色列为了防止马克斯韦尔泄露他们的机密，所以就派人秘密除掉了他。

也有人认为马克斯韦尔死于被雇佣的纽约黑手党之手,因为当年英国经济不景气的时候,镜报集团的发行量一度下滑,为了减少支出,马克斯韦尔消减了1600名雇员,使得很多人失去了生活来源,所以引起了很多雇员们的愤恨。

后来,英国的一家报纸更是刊登出了一则耸人听闻的消息,说马克斯韦尔并没有死,他为了逃避债务,故意制造了一场死亡,而他自己则更改姓名后生活在世界的某一个角落。

马克斯韦尔死后,有关他死因的说法就一直没有中断过,但是直到现在,马克斯韦尔究竟死于自杀还是他杀?是他杀的话马克斯韦尔究竟死于谁手都还是一个未解的谜。

《每日镜报》

英国的《每日镜报》创刊于1903年,是世界上第一份小报,曾经是世界上发行量第一的报纸。《每日镜报》较少报道大报所关注的公共议题与政经大事,而是以娱乐新闻、体育新闻、八卦绯闻、民生消费和一些丑闻为主,并且强调文章简短、煽情,还采用了大量的图片。现在,《每日镜报》的内容属于默多克的新闻集团。鲁伯特·默多克是世界传媒界巨头,天空卫星广播公司最大的股东,在英国公布的一期"传媒业100大亨"排行榜中,他超过了BBC前总裁葛雷戈·戴克,排名榜首。在2004年《福布斯》杂志公布的世界富豪排行榜上显示,默多克排行第43位,净资产达78亿美元。

黛安娜王妃死亡之谜

观点：1997年8月31日，戴安娜在巴黎遭遇车祸身亡，虽然官方认为是由于司机酒后驾驶酿成了悲剧，但是人们却普遍认为事故的背后另有隐情。有人认为戴安娜的死是由狗仔队的围追造成的，有人认为是由于延误了抢救时间导致了戴安娜的死亡，也有人认为她是被英国王室所谋杀的，还有人则认为戴安娜并没有死。

戴安娜全名戴安娜·弗兰西斯·斯宾塞，1961年7月1日出生于英国诺福克，是爱德华·斯宾塞伯爵的第三个女儿。1981年7月29日，年仅20岁的戴安娜嫁给了比她大13岁的威尔士亲王查尔斯王子。戴安娜婚后的生活并不幸福，她和查尔斯几乎没有共同爱好。查尔斯热衷于马上活动，但是戴安娜自从10岁时骑马摔断胳膊后，从此便不再骑马。查尔斯痛恨的流行音乐却是戴安娜的最爱，而戴安娜精通的网球，查尔斯却从来不玩。查尔斯喜静，戴安娜却好动，总之，不管是性格还是爱好，都格格不入。婚后不久，戴安娜就发现了查尔斯与前女友卡米拉关系暧昧，查尔斯也坦诚了两人的关系，并且毫不理会戴安娜的感受，继续与卡米拉打得

⬇ 戴安娜全名戴安娜·弗兰西斯·斯宾塞

▶ 戴安娜嫁给了查尔斯王子，他们的婚礼也被称为世纪婚礼

火热。结婚后，虽然戴安娜与查尔斯共同出席一些社交场所，但是两人却达成协议互不干涉对方的私生活，两人的婚姻名存实亡。终于，在分居几年后，1996年8月28日戴安娜和查尔斯解除了婚约，但是戴安娜获准保留了"威尔斯王妃"的头衔。

与查尔斯离婚后，戴安娜决定开始寻找属于自己的生活。后来，戴安娜遇见了多迪·法耶兹，二人一见钟情并很快坠入了爱河。1997年8月30日，戴安娜与法耶兹结束了地中海的旅行返回巴黎，当晚二人在酒店共进晚餐后一同乘车前往法耶兹的住宅。为了躲避记者的追踪，饭店特意派保罗为他们开车。没想到，在途中发生了车祸。司机保罗和多迪当场毙命，戴安娜身受重伤，后来虽然被送到了医院，但是终因伤势过重于31日凌晨去世。

戴安娜遭遇车祸不幸身亡的消息很快传开了，英法两国都为之震惊。巴黎警方迅速对车祸事故展开了调查,调查结果指出事故是由于司机保罗酒后驾驶,并且高速行驶造成的。但是,后来有人证实保罗早已经戒酒了,而且开车的当晚也没有喝酒。于是,关于戴安娜的死因便成为了众说纷纭的谜案。

戴安娜与查尔斯王子离婚后,积极投身于慈善事业

由于当晚有大批的媒体和记者跟随着戴安娜,戴安娜为了躲避狗仔的"围追堵截"所以由保罗驾车。于是很多人认为车祸是由于躲避记者的追踪而超速驾驶造成的,而且在车祸后,现场的记者没有及时对伤者进行抢救,反而是举着相机不停拍照。所以他们应该对戴安娜的死负责。于是,与车祸有关的9名记者和1名报社摩托车手被告上了法庭,但是最后法庭却宣布他们杀人罪名不成立。

还有一些人则认为戴安娜王妃的死是因为延误了最佳抢救时间。一名英国著名的心脏外科专家表示,如果戴安娜能够在车祸发生后的10分钟内被送往医院,还有被救活的可能。据说在车祸后差不多1小时,戴安娜才

↑ 戴安娜去世10周年的时候,巴黎的人们在当年车祸发生地缅怀她

被送到医院。一名到达过车祸现场的法国医生也表示,从当时戴安娜的受伤情况看她应该有活下去的机会。据说从案发现场到医院,开车的话也就需十几分钟,但是几乎过了四五十分钟后,戴安娜才被送往医院,而且到了医院又耽误了几十分钟。很明显,戴安娜有活下来的希望,但是却被一些莫名的事情耽误了。

戴安娜王妃死后,她的儿子威廉王子一直不相信母亲是死于意外,他说母亲平时即使穿上晚礼服也会坚持系安全带,但是车祸当晚她却并没有系安全带,所以他认为母亲是被人谋杀的,而且还暗中找来军情五处的探员协助调查。在戴安娜逝世4周年的时候,威廉在墓前发誓说一定要将凶手绳之以法。

多迪·法耶兹的父亲是埃及裔富豪、也是英国老牌百货公司哈罗德的老板。他在接受记者采访时表示,他相信绝不是一次简单的车祸,而是一次有预谋、有计划的谋杀。他说法庭公布的调查报告,存在着太多的疑点,而且对一些关键问题都没有清楚地说明。比如说当时在戴安娜的车后一直追逐的那辆车最后去了哪里?还有司机保罗的档案存放在什么地方,这些都没有说明。他已经向有关部门提起了诉讼,而且会继续追查下去,他认为不管凶手

↑ 戴安娜王妃曾经居住过的地方，位于伦敦的肯辛顿宫

是什么人，都应该受到惩处。

在英国国内，甚至有消息称戴安娜的死和英国的王室有关。据说一方面是因为当时戴安娜已有身孕，英国王室认为这是在给王室丢脸，同时为了避免未来国王威廉有一个同母异父的兄弟，另一方面是王室认为戴安娜已经逾越了她本身的权限，牵扯到了政治圈内，所以王室就派特

↑ 戴安娜王妃像

工故意制造了车祸,并且将地点选在巴黎,也是为了推卸责任。后来,英国BBC频道又披露了一条爆炸性的新闻,说司机保罗一直在英国情报部门工作。车祸当天,他接到了情报部门的密令:为戴安娜驾车。保罗的行车路线和车速等都是严格按照情报部门的规定进行的。为了杀人灭口,他们还在保罗经过的隧道路口制造了车祸,而且还在事后将保罗的血样调换,以便让人相信车祸是因为司机保罗饮酒过度造成的交通事故。

还有人说戴安娜的死是一些地雷商策划的,甚至有人说在车祸发生时似乎听到了类似于地雷爆炸的声音。因为戴安娜一直关心地雷带来的祸害,甚至还倡议全球禁制地雷,这严重损害了地雷商的利益,所以他们就痛下杀手。

不过,除此之外,还有一些人认为戴安娜的死是"诈死",她仍然活在世上,车祸只是为了摆脱媒体的追踪,重新过平淡的生活而故意制造的。她现在可能正以一个平凡的身份在一个不为人知的角落里过着平淡的生活。

不管是真是假，自从戴安娜王妃遭遇车祸身亡后，人们就一直猜测着她的死因。虽然关于事故的说法和版本有十几种，但是到目前为止，戴安娜的死亡之谜仍然没有解开，扑朔迷离的车祸真相也依然没有大白于天下。

英国王室

英国是君主立宪制国家，英国皇室并不具备实质性权力，国王只是名义上的统治者，由世袭产生，政府最高领导人是通过民选产生的首相，掌握着最高行政权力。王室成员虽然没有严格的定义，不过拥有国王、女王陛下或者王子、公主殿下头衔的一般都被视为王室成员。英国王室尽管经历了许多王朝，但王室血统一直没有中断过。英国王位的继承是根据长子继承权来决定的，也就是说王位应先由现任君主的长子继承，然后才依次序轮到其他儿子，最后才轮到女儿。例如英国第一继承人为威尔士亲王查尔斯王储殿下，第二继承人为查尔斯王储的长子威廉王子，第三继承人为查尔斯王储的次子亨利王子。此外，王位的继承是由议会来决定的，而非君主本人。

未解之谜系列

挖掘了人类社会、地球乃至宇宙所包含的难解谜题

首次披露了大千世界中

神秘的、充满悬疑色彩的谜团背后鲜为人知的内幕

这套百万字的传奇读本

精选了有关国宝、密码、海盗、大谋杀、诡异事件、离奇事件的未解经典内容

选配了数千幅珍贵图片,带给读者一场视觉饕餮盛宴

定价:36.00元